RHAGAIR

Nid yw'r arwrgerdd Ewropeaidd hon wedi ei hysgrifennu mewn unrhyw drefn gronolegol, nid nofel mohoni na chasgliad o straeon chwaith. Dim ond pentwr o brofiadau a daflwyd at ei gilydd blith draphlith rywbeth yn debyg i'r hen Iwgo-slafia dan Tito; cloddfa o glai i'w Balkaneiddio gan ddarllenwyr. Nid yw'r cerddi fel cyfanwaith yn gwneud unrhyw synnwyr o gwbwl i bobol synhwyrol, mae'r jôcs i gyd wedi eu mewnforio'n anghyfreithlon ac am y gwallau iaith a'r camgymeriadau ffeithiol, bai'r golygyddion a'r cysodwyr yw'r cyfan. Dim ond co'n mynd rownd y byd a'r byd yn mynd o'i go'. Trefn Gronolegol bur, un awdur yn unig, a chenedl gyfan yn sgwennu'i hun allan o fodolaeth…

5

1
PASPORT

'Gobeithio taw Sea France yw e,' medda Siân gan groesi'i bysadd wrth i ni witsiad am y fferi yn Dover.

'Be 'di'r gwahaniath tasa fo'n P & O?' medda fi.

'Y gwa'nieth rhwng Boeuf Bourguignon a Burger King,' medda Siân. 'Ma' bwyd Prydeinig mor ffycin terrible.'

O'dd y bys wedi stopio yn Cheat-em Chase ar y ffordd yno ac esh i at y til efo papur £20, teimlo'n euog braidd nag oedd gin i ddim llai, ia. 'Ma' hi'n OK,' medda'r boi, 'jest rho'r afal a'r dŵr yn ôl ar y shilff. Ma' hynna'n ddigon am y brechdana.'

Ma' 'na rwbath rhamantaidd ynglŷn â chroesi'r dŵr i'r cyfandir, toes? Galw fi'n sentimental os t'isho ond bob tro fydda i'n gadal Dover fedra i ddim peidio meddwl am yr hogia'n 'nelu am Normandi yn eu cychod bach pathetig i gael eu pledu gin fwleti'r Jyrmans, a Vera Lynn ar y lan yn canu 'There'll be bluebirds over, the white cliffs of Dover, tomorrow, just you wait and see…'

'Dwi'm yn meindio talu am y Vin de Pay 'ma,' medda fi wrth y bwrdd yn lle Les Routiers ar y fferi. 'Dwi am ordro potal arall.'

'Yn Ffrangeg gobitho,' medda Siân.

'Ia, wrth gwrs,' medda fi. 'Be arall? Un botal dy vin rwtsh, si vu plîs, Gerson!'

'Ordinaire?' medda Gerson.

'Non,' me fi. 'Le vin rwtsh sbeshal plîs.'

Ma' Siân yn rhugul mewn pump iaith ac ma' hi'n semi-otic mewn o leia bump arall. Ma' 'na rywfaint ohono fo wedi rwbio i ffwr' arna fi, wrth gwrs, ond be 'di'r pwynt ordro pâté

Y Dyn Dŵad
Nefar in Ewrop

Cardiff Libraries
www.cardiff.gov.uk/libraries

Llyfrgelloedd Caerdydd
www.caerdydd.gov.uk/llyfrgelloedd

Y Dyn Dŵad
Nefar in Ewrop

Goronwy Jones

y **Lolfa**

Argraffiad cyntaf: 2010

⊕ Hawlfraint Dafydd Huws a'r Lolfa Cyf., 2010

Dymuna'r cyhoeddwyr gydnabod cymorth ariannol
Cyngor Llyfrau Cymru

Cynllun y clawr: Colin Barker
Syniad y clawr: Dafydd Huws

Rhif Llyfr Rhyngwladol: 978 1 84771 266 0

Cyhoeddwyd ac argraffwyd yng Nghymru
gan Y Lolfa Cyf., Talybont, Ceredigion SY24 5HE
gwefan www.ylolfa.com
e-bost ylolfa@ylolfa.com
ffôn 01970 832 304
ffacs 832 782

mewn patois pan ma' gin ti beiriant cyfieithu ar y pryd wrth dy ymyl?

'"Dwfwr", 'na beth yw ystyr Dover, t'wel,' medda Siân.

'Tria di ddeud hynny wrth Sais,' medda fi. 'Faint ohonyn nhw sy'n medru cyfieithu o Saesneg i Gymraeg?'

Ac wedyn dyma'r bwyd yn cyrradd a dyma finna'n dechra enjoio'r trip...

'O frechdan sych a pheintia fflat a chrips a ffat yn Lloegar, i Croque Saint Jacques a Fruits de Mer, Sancerre a dŵr sy'n downsio...' medda fi, fel bysa rhywun cyn dechra byta.

'Ti'n gweld beth wy'n feddwl,' medda Siân. 'Ma'r cyfandir yn neud hyd yn oed rhywun mor rhyddieithol â ti yn fardd! Wyt ti'n credu allet ti anghofio am dy ragfarne dwl a dechre caru Ewrop?'

Biti na fysa petha mor syml â hynny, medda fi wrth 'yn hun wrth ddangos 'y mhasport yn Calais... Dyma fi'n sbio drosd yn ysgwydd ar y Brydain o'n i'n ei gadael ar f'ôl... Os oedd y bwyd yn wael oedd arweinwyr y wlad yn waeth byth. Roedd Prydain yn Pydru, a'r Cymry am y gora i'w chanlyn hi...

Nid oes dim gogledd, does dim de
Dim de nac aswy chwaith
Nid oes dim byd yn PC World
Ond un Gaer Droea faith...

Dyna lle o'n i'n sefyll efo cyfandir cyfa' yn agor led y pen o 'mlaen ac ysbryd yr oes yn canu allan o diwn yn 'y nghlust i...

Blair I.D., Blair I.D., yr hen dderyn bach?

2

EWROSEPTIG

Memorandwm Cyd-ddealltwriaeth
rhwng
Llywodraeth Gweriniaeth Latfia
a
Chynulliad Cenedlaethol Cymru

Ma'r Blaid Bach wedi mopio ar y Farchnad Gyffredin ac ma' nhw'n awyddus uffernol i Gymru ga'l bod yn annibynnol tu mewn iddi. Ma' Ewrop yn lle da sy'n cynnig lloches i wledydd bychan a'u diwyllianna, ac ma' nhw wedi dyfeisio cynllunia economaidd fatha Amcan Un i godi'r tlota ohonon ni ar 'yn traed.

Swnio'n dda, yndi? Ma' lot o wledydd erill wedi ca'l yr un syniad. Ma' un wlad wedi mynd mor bell â galw 'i hun yn Weriniaeth Tsiec yn barod.

Swnio'n rhy dda, deud gwir. 'Oes 'na ddigon o bres i fynd rownd?' medda fi wrth y wraig 'cw, achos na hi ydi un o think-tanks y Blaid, yli. Ma'n ddrwg gin i os ydw i'n swnio'n dipyn o Ewro-septic, ond be nei di pan ti'n teimlo bod y tanc yn llawn cachu, ia?

Sosialydd ydi Siân. Ma' hi'n gwbod yn iawn na holl bwrpas Ewrop ydi hwrjo'r farchnad a phreifateiddio bob dim sy'n symud. 'Ond be ma' gwladgarwr i fod i neud?' chwadal hitha. Ma'n rhaid i ni fildio ffordd-osgoi Llundan rwsut, a tydi hi'm yn gwbod i ba gyfeiriad arall medar hi fynd.

Trwbwl ydi ma' rhei o'i ffrindia hi wedi llyncu'r package yn gyfa': 'y farchnad rydd a'r farchnad a gymerth ymaith' a ballu. Ceidwadwyr mewn teis Draig Goch sy'n edmygu'r ffor' ma' Tony Blair wedi dwyn dillad y Torïaid, ac yn credu dylsa'r Blaid Bach Newydd neud yr un peth. Doedd gin Siân druan ddim dewis ond derbyn consensws y pwyllgor bod y gair 'Sosialaidd' yn cael ei ddileu o'n geiriadur ninna hefyd.

Dwi'm yn gwbod faint o sens sy mewn con-sens-ws, cofia.

Be 'di pwynt dwyn dillad pleidia sy'n drewi o Brydeindod? Ma'n beryg na mynd ar goll neith pawb sy'n dilyn Niwl Labour, yndi?

Ond cadno ydi Ewrop, 'sti. Ma' gynno fo drên sy'n cynnig dipyn bach o grefi i bawb. O'n i wrth 'y modd pan glywish i bod Cymru wedi efeillio efo un o wledydd newydd Ewrop. Ma' Siân yn un sgut am freebies, ac o'n i'n gweld 'yn hun yn ca'l mynd i orweddian ar draetha costa brafia Cyprus ne' Malta ne' rwla efo'r hogan bach 'ma…

Ond ail gesh i eto. 'Latfia?' medda fi wrth Siân. 'Pwy uffar s'isho mynd i fanno? Tydi'r lle ddim ond un steppe o Rwsia. Ma' hi'n bwrw eira yno naw mis y flwyddyn!'

'Paid dishgwl 'no i!' medda Siân. 'Rhodri Morgan sy wedi dewis Latfia!'

Trystio fo! Brit ydi o, ia? Tydi o'm isho i annibyniaeth edrach yn rhy ddeniadol ma' siŵr, nadi?

Ta waeth, ma' Eluned Morgan, ASE Niwl Labour, wedi bod yn siarad efo Prif Gomisiynydd Ewrop sy wedi deud na cheutha Cymru ddim bod yn annibynnol p'run bynnag. Tasan ni mor bowld â thrio, mi fysa Ewrop yn cymryd ein pres Amcan Un ni yn ei ôl bob dima, yn dymchwel pob ffatri godon nhw, yn smasho'r peirianna i gyd ac yn 'yn pledu ni efo clwstwr o fomia a depleted uranium a ballu… Ffagan Sant! Pwy ddeudodd bod Hitler wedi marw? Ond ma' Siân yn grediniol bod yr hen gomisiynydd wedi bod yn tynnu coes Eluned: elli di ddisgwl jôc Wyddelig gin ddyn o'r enw Roman O'Prodi, ma' siŵr, gelli?

Lle rhyfadd ar y naw ydi Ewrop, ma' Siân wedi dysgu cymaint â hynny i mi.

1. Senedd Ewrop – lot fawr o aeloda ond bach iawn o rym er na dim ond nhw ma'r hogia'n eu hethol.

2. Cyngor y Gweinidogion – gin rhein ma'r grym i gyd. (Dim byd yn erbyn y Methodistiaid, ia, ond fysa chdi'n gadal i weinidogion redag dy economi di?)
3. Y Comisiwn Ewropeaidd – rhein sy'n handlo'r pres a ballu. Ond faint o gomisiwn ma' nhw'n ga'l, dyna sy'n 'y mhoeni fi.

Dwi'm yn gwbod amdana chdi ond fyswn i'm yn trystio'r criw yna i godi cwt mewn alotment heb sôn am redag economi cyfandir cyfa'. Ond ma' Siân yn mynnu na toes gynnon ni ddim dewis. Ma'r Cymry mor ddihyder a'n economi ni mor simsan, os ydan ni ar fwriad gadal 'Team England' mae hi'n hanfodol bod ni'n joinio tîm sy'n chwarae yn y dull cyfandirol, medda hi.

Ma' 'na ffasiwn beth â 'Grŵp Sosialaidd Ewrop' i ga'l: allwn ni newid Ewrop o'r tu fewn gan bwyll bach, medda Siân. Mm... Dwi wedi clwad honna o'r blaen. Digon hawdd sôn am newid, peth arall ydi neud o. 'Dan ni'n briod ers 1989 a tydi hi'm hyd yn oed wedi llwyddo i'n newid i eto...

Dwi'n teimlo fatha gwas bach mewn ffair ben-tymor. Ffarm John Bull ne' ffarm Ewropa, waeth i ti ba'r un, gwas bach wyt ti o hyd, ia? Pan ma'r Cymry'n mynd i Latfia ma' nhw i gyd yn gweld y cofgolofna o Stalin sy wedi ca'l eu dymchwel ond does 'na neb fatha tasan nhw'n sylwi ar y cofgolofna McDonald's sy'n ca'l eu codi'n eu lle nhw...

Oedd Siân wedi mynd i helpu yn y baball Blaid Bach yn y Steddfod; helpu i neud te tramp i'r cyfeillion sy wedi trampio'r holl ffordd o Ewrop i weld ein trysorau cenedlaethol ni. Mi esh inna draw i'r Pafiliwn sy'n lle gwych i ga'l napan bach ar ôl pum peint o meild yn p'nawn. Jest mewn pryd, medda fi, gan setlo lawr yn 'yn sêt; mae cystadleuaeth y dysgwyr yn well nag unrhyw bilsan-gysgu...

'Beth chi'n feddwl "dysgwyr"?' medda'r hen wraig 'ma

wrth 'yn ymyl i. 'Nillws rhein yn Steddfod yr Urdd, w. Nage dysgwyr y'n nhw rhagor ond Siaradwyr Cymraeg o Ddewis.'

'Dwi'n gweld,' medda fi. 'Yn wahanol i bobol sy wedi ca'l eu fforsho fatha chi a fi felly, ia?'

Dipyn bach o sens, dyna'r cwbwl ma' dyn isho yn yr hen fyd yma, ond to's gynnoch chi fawr o obaith ei gael o. Pan ddeffrish i oedd yr Envoy Arbennig Ann Clwyd wrthi'n traethu ar y llwyfan am y ffordd roedd y byd i gyd yn lle saffach ar ôl iddi hi a'i mêts gael gwarad ar Saddam Hussein... Mi oedd yr Archdderwydd yn gynddeiriog bod y llwyfan yn cael ei iwsho at bwrpas gwleidyddol ac mi roedd o'n mynd yn gochach ac yn gochach trw'r amsar... yn biws! Dyma fi'n codi i brotestio cyn i'r cradur gael hartan ond mi oedd 'na ddau stiward cydnerth wedi cydio yndda i a'n hebrwng i at y drws. Ma' hi wedi mynd, yndi! Os na elli di weiddi 'ban the bom' mewn pafiliwn llawn heddychwyr, lle fedri di neud o? A oes heddwch? Oes plîs!

'Ma' calon Ann yn y lle iawn,' medda'r stiward.

'Hitia befo am ei chalon hi, lle ma'i brêns hi?!' medda fi. 'Os nag ydi'r Cymry ar wasgar ma' miloedd ar filoedd o bobol Iraq, ma' hynna'n saff i ti!'

Dwi'n poeni am Siân. O'dd Ann Clwyd yn arfar bod yn Envoy iawn ers talwm. Sosialaidd, ac Ann-ibynnol hefyd, cyn iddi droi'n Yank Lwyd. Oeddan nhw wastad yn deud bod 'na fwy nag un Saddam Hussein, toeddan, ac ma' dyna pam o'dd o ddim yn cael ei ddal. Ma' hi'n amlwg bod 'na fwy nag un Ewrop hefyd a phwy, 'sgwn i, fydd yn cael ei ddal wedyn?

3

EWROP:
Y PROJECT CENEDLAETHOL:
MANYLION Y CYNLLUN

Adran Priffyrdd a Thrafnidiaeth y Cynulliad
Cynllun Rhif 1536: 'Ffordd Osgoi Lloegr'

NOD: *CYMRU YN EWROP*
HYD YR YMGYRCH: *AM BYTH*

PROBLEM: *SUT I FYND O 'A' I 'C' GAN OSGOI 'B'?*

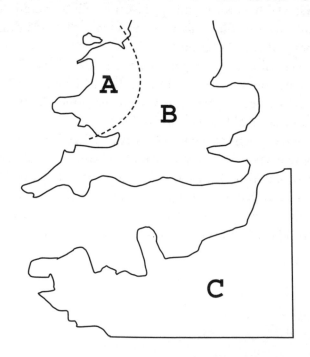

4
DEAD MEN DON'T WEAR PLAID

Esh i lawr i Bontypridd i gynhadledd Plaid Cymru ac esh i â'r hogan bach 'cw efo fi. Dim ond saith oed ydi hi ond ma' Siân y wraig yn awyddus i'w 'ffrwytho hi mewn gwleidyddiaeth'. Os ydy'r Old Nick Griffin, BNP 'na yn mynd i yrru'i ferch i'r Senedd ma' Siân yn benderfynol y bydd Gwenllian yna i'w chwarfod hi.

'Annibyniaeth yn Ewrop' ydi slogan mawr Plaid Cymru dyddia yma a Dafydd Iwan ydi'r llywydd sy'n mynd i'n harwain ni dros y môr. O'dd Gwenlli wedi bod yn gwrando arno fo'n canu hwiangerddi 'Cwm Rhydyrhosyn' a ballu ers pan o'dd hi'n ddim o beth ond toedd hi 'rioed wedi weld o yn fyw o'r blaen.

'Pam ma' fe'n siarad Saesneg?' medda Gwenlli ar ôl tua deng munud o'r araith.

'Dwyieithog, ia!' medda fi wrthi. 'Gwitia funud bach, neith o droi i Gymraeg rŵan...'

Ond gwitsiad buon ni – o'dd ei record o fatha tasa hi wedi sticio a'r cwbwl geuthon ni yn Gymraeg oedd ryw 'diolch yn fawr i chi i gyd am wrando' ar y diwadd.

'Siarad iaith y bobol, t'wel!' medda Siân.

'Pwy bobol?' medda fi. 'Ma' pawb yn gwbod fod Plaid Cymru o blaid y Gymraeg, felly pwy ti'n feddwl ti'n dwyllo?'

'I knows 'im!' medda'r boi yn y stryd. 'I seen 'im paintin' signs. Insultin' sod! Why's he talkin' English? The Welsh language belongs to all of us!'

Dwi'm yn 'Brain of Britain', ia, ond os w't ti'n pregethu dwyieithrwydd mae o'n syniad bod yn ddwyieithog dy hun,

yndi? Os cariwn ni 'mlaen fel hyn fyddwn ni yn yr un cwch
â Tony Blare, myn uffar i: dim ots faint 'dan ni'n weiddi fydd
neb yn coelio blydi gair 'dan ni'n ddeud!

Ond dyna fo, o'dd Siân wedi'n rhybuddio fi na araith y 'Tair
S' fysa hon heddiw. O'dd hi'n amlwg na'r ddwy 'S' gynta o'dd
Susnag a Smalio, ond nabod Siân a nabod y Cymoedd, doedd
dim isho gofyn be fasa'r drydedd 'S' nag oedd? Sosialaeth, siŵr
iawn, ia.

Erbyn hyn o'dd Dafydd Iwan wedi dechra mwydro am fyd
busnas ac wrthi'n bloeddio 'I am an entrepreneur' a ballu.

'Beth yw entrepreneur, Dadi?' medda Gwenlli.

'SAIN siŵr!' medda fi. 'Ond paid â phoeni, neith Mami'n
siŵr bod o'n dechra sôn am Sosialaeth yn munud…'

Ond ail geuthon ni eto. 'S' arall o'dd gin DI. Ma' 'na
ddeg gwlad newydd wedi joinio Ewrop yn ddiweddar ac ma'
ymchwilwyr craff Plaid Cymru wedi sylwi bod 'na doman
ohonyn nhw sy'n llai hyd yn oed na Chymru. Mwya sydyn
dyma Dafydd Iwan yn dechra canu 'Homage to Slovenia' ar
y dôn 'Brynia Bro Afallon'. Gwlad mor fach o'dd hi, gwlad
mor hardd. Nath o'm sôn sut Sosial Seciwriti sgynnyn nhw
ond o'dd o'n mynd i gymaint o hwyl ynglŷn â'r scenery fasach
chi'n taeru 'i fod o'n gweithio i Fwrdd Croeso Slovenia myn
uffar i!

'Once we hang them out on the European washing line,
our smalls can be beautiful too.'

'Where the fuck is Slovenia?' medda'r dyn yn y stryd yn ei
grys rygbi Ponty. 'Why don't 'e stay at 'ome an' help us Save
Our Sardis?'

Ella bod llywydd Plaid Cymru yn siarad Susnag, ia, ond
dwi'm yn meddwl bod o'n siarad iaith y bobol. Yr unig 'S' ar
frêns hogia Ponty ar hyn o bryd ydi Sardis Road, eu cae rygbi
nhw sy'n cael ei fygwth gin ryw blydi entrepreneur arall.

Nifer o weithia ma'r gair Sosialaeth yn ymddangos ym mhamffled Etholiadau Ewropeaidd Plaid Cymru – 0

Nifer o weithia ma'r gair Sosialaeth yn ymddangos ym mhamffled Etholiadau Ewropeaidd y Blaid Lafur – 2

Be sy wedi digwydd, medda Siân, ydy 'i bod hi wedi colli'r ddadl o fewn y Blaid Bach. Y 'consenswws' oedd bod Sosialaeth wedi mynd allan o ffasiwn ac mai'r peth calla o'dd ei wllwn o'n ddistaw bach...

Ond tydi Rhodri Morgan ddim mor stiwpid. Mae o'n gwbod yn iawn be sy'n mynd lawr yn dda yn y Cymoedd. Dyna lle'r oedd o drw' gydol yr ymgyrch yn gwisgo brat ac yn syrfio brecwast i blant ysgol, cyn neidio ar y bys a dechra rhannu passes reid-am-ddim i'r hen bensiynwyr i gyd. Dyna i chdi ddangos pa mor boncyrs ydi Cymru, ia. Siân 'y ngwraig yn gorod smalio na tydi hi ddim yn Sosialydd tra bod 'New Labour – Welsh Branch' yn smalio bod nhw!

Sdim isho gofyn pwy enillodd yr Eurovision Zonk Contest nag oes? Gafodd hyd yn oed y BNP/UKIP 13% o'r pleidleisiau tra oedd y Blaid Bach i lawr i 17%. Ma' Dafydd Iwan wedi neud lot o LPs i Sain, ond ma' rhai o'i ganeuon yn well na'i gilydd. Os ydan ni isho bod yn No. 1 yn 'Deg Uchaf y Cymro' ma' well i ni neud siŵr bod ni ar y trac iawn, yndi?

Y ffilm yn y 'Muni' yr wthnos honno oedd *Dead Men Don't Wear Plaid*.

'Be t'isho mynd i weld y ffilm yna?' medda fi wrth y wraig.

'It's the only show in town,' medda Siân.

Dwi'n awgrymu bod y Blaid Bach yn ffeindio sgriptiwr newydd. Un peth ydi osgoi Llundan, ia, peth arall ydi cofio pam.

5

DULYN COPENHAGEN

Gesh i sioc ar 'y nhin pan welish i Ganolfan y Muleniwm am y tro cynta'. O'n i wedi clwad ryw fodan cyhoeddusrwydd yn patro ar y teli fod yr adeilad wedi bod 'yn amser hir yn y gwneud' ond toedd gin i ddim syniad bod petha mor ddrwg â hyn chwaith. O'dd hi fatha tasan nhw wedi rhedag allan o frics a mortar ac wedi gorod dŵad â wagenni o rwbal o chwaral Bethesda, a sodro'r llechi at 'i gilydd fatha Lego er mwyn gorffan y lle. Ac i goroni'r cwbwl, oeddan nhw wedi gwadd ryw foi o Upper Bangor i blastro graffiti ar hyd y ffrynt i gyd: 'Creu gwir from these stones in the ffwrnais', aye? Speak the two spokes, chwadal Wil Sam.

O'dd Ben a Lun wedi dŵad lawr yn unswydd o Ganolbarth Cambria ar gyfer yr agoriad swyddogol. Oeddan nhw'n ddigon atgas pan aethon nhw i ffwr' ond oeddan nhw'n waeth byth pan ddaethon nhw yn eu hola! Dyna lle'r o'dd Ben Bach yn ei lordio hi o gwmpas y docia fatha tasa fo pia'r lle a'i llgada fo'n perlio wrth feddwl am gymryd ei le yn y Cynulliad…

'Sa i'n gwbod shwt ma' neb yn galler godde byw yn y ddinas!' medda Lun (ar ôl byw 'ma am chwartar canrif). 'Nag y'ch chi'n gweld ishe cefen gwlad, 'te?'

'Co' Dre ydw i,' medda fi. 'Fuesh i 'rioed yn byw yn y wlad!'

'Ddelen i byth, byth yn ôl 'ma!' medda Lun. 'Wy i wedi gweud wrtho Ben. Bydd rhaid iddo fe brynu fflat pan fydd e'n AM. Ma'r West Britain Wharf 'na'n dishgwl yn olreit…'

Tydi Siân byth wedi madda i Ben Bach am ddwyn ei lle hi ar ben rhestr PR y Blaid Bach yng Nghanolbarth Cambria.

Ond, chwara teg iddi, ma' hi fatha Brown a Blair yn dal i smalio bod y ddau ohonyn nhw ar yr un ochor.

'Paid â becso!' medda Ben wrthi, a'i feiro fo'n dal i sgriblo ar gefn yr un enfilop ag arfar wrth lunio polisi. 'Wy i wedi sorto'r nonsens semantig 'na mas. Naw wfft i hunanlywodraeth! Annibyniaeth yn Ewrop yw hi nawr. Fel Denmarc, fel Iwerddon. Galw fe'n Dulyn Copenhagen os ti moyn! 'Na fe, 'te. Sorted!'

Dwi'n cofio ni'n sefyll ar y cei yn Copenhagen a gweld y cerflun 'na o fôr-forwyn. Cerflun gin Edvard Eriksen, medda Siân, anrheg ddaru bragdy Carlsberg ei roid i'r ddinas yn 1913.

'Môr-forwyn gyda choese?' medda Gwenlli. 'As if!'

'Wel, 'na fe. Trwydded yr artist, ontife,' medda Siân.

'Ma' hi'n amlwg bod o'n nabod ei gwrw,' medda finna. 'Ma' Carlsberg mor wan does dim posib i neb fod yn legless!'

O'dd 'na si ar led bod hi'n costio £150 i fynd i agoriad swyddogol y Muleniwm ond wrth gwrs mi o'dd Ben wedi ca'l mynediad am ddim. Parcio o'dd y broblem. O'dd rhywun wedi anghofio deud wrth y penbwl pensaer 'na bod gin bobol geir dyddia yma. Nath y crinc ddim creu maes parcio i'r Muleniwm! Ma' rheolwr yr UCI drws nesa'n methu dallt pam bod ei faes parcio fo yn llawn dop bob nos a'i sinema fo'n hannar gwag.

A sôn am giw, was bach! Dyna lle'r oeddan ni'n sefyllian am hydoedd tra oedd y cops a'r seciwricos yn mynd drw'n petha ni.

'Whare teg!' medda Lun. 'Ma' fe yn achlysur brenhinol.'

O'dd 'na rywun wedi awgrymu bod isho dipyn o urddas yn y seremoni, ond mi o'dd y trefnwyr yn mynnu na 'bums on seats' o'dd y peth pwysica felly doedd 'na ddim byd amdani ond gwadd y Cwîn a'r Duke of Hazzard, nag oedd?

O'dd biti gin i dros yr hogan bach Gwenlli 'cw a'i ffrindiau. O'ddan nhw wedi bod yn ymarfer ers wsnosa efo Côr yr Urdd er mwyn canu yn y consart. Ond munud dwutha dyma rhywun yn canslo am y bysa'r plant yn fygythiad i ddiogelwch y Cwîn. Glywish i'r FWA yn sôn am 'Kamikaze corgis' a ballu ers talwm, ond chlywish i 'rioed sôn am 'Kamikaze côr' chwaith. Urddas ddeudist ti? Ma' gynnon ni Urddas bach flin iawn yn y tŷ 'cw alla i ddeud wrtha chdi. Gweriniaethwraig am byth rŵan fyswn i feddwl.

'Amheuthun! Anhygoel! Arbennig!' medda Ben Bach pan aethon ni i mewn i'r adeilad o'r diwadd, ansoddeiria yn ffrothio o'i geg o fatha ci cynddeiriog. 'Perl pensaernïol! Safonau Ewropeaidd!'

'Pwy wyt ti'n meddwl wyt ti, Beti George?' medda fi. Dwi'n meddwl bod nhw'n cadw Beti mewn wardrob ar y trydydd llawr a'i thynnu hi allan bob tro ma' nhw isho eitem ar y teli. O'n i'n falch o weld bod 'na hannar dwsin o lefydd lysh yna beth bynnag. Dwi'm yn gwbod dim byd am safona Ewropeaidd ond dwi'n benderfynol o gadw safona Cynarfon, ia.

O'dd yr acwstics yn y neuadd gyngerdd yn anhygoel: fedrach chi glywad pin yn syrthio. Oeddan nhw mor dda fedrach chi hyd yn oed glywad be ma'r Blaid Lafur Gymreig yn ei feddwl am ryfal Iraq. O'dd Dodri'r Organ wrthi'n sgwennu polisi Coelcerth y Cwangos ar gefn bocs matshis. O'dd y Cwîn wrthi'n sgriblo'i rhestr anrhydedda nesa ar gefn y rhaglen swyddogol ac o'n i'n clwad eu sgwrs nhwtha'n glir hefyd.

'Christ, he's got a big one, in'e?' medda'r Diwc.

'Who?' medda'r Cwîn.

'That Karl Jenkins bloke. Reckon he deserves an honour for that moustache!'

'Shurrup!' medda'r Cwîn. 'I wanna hear Brynt Erville.'

Da ydyn nhw, 'de? Cyfuniad perffaith o'r common-a'r-wealth.

'Paid pigo tylle!' medda Lun. 'Sdim problem 'da ni 'da'r Frenhiniaeth.'

'Tybad?' medda fi. 'O'n i'n dallt bod un o'ch aeloda chi wedi gwrthod tyngu llw i'r Cwîn yn y Cynulliad…'

'Leanne! She Wood, wooden she?' medda Lun. 'Drych, Ben! Dacw Glenys a Neil!'

O'dd Siân yn meddwl bysa Lord a Lady K'nock yn fwy cyffyrddus yn y Brit Awards, ond toedd hi ddim wedi clwad y consart eto… Ar wahân i amball i eitem Gymraeg a ryw 'boneddigion a boneddigesau' gwirion bob hyn-a-hyn gin yr MC, fysat ti'n meddwl bod ni yn y West End yn Llundan myn uffar i! O'dd y dosbarth canol Cymraeg yn sbio fatha 'Les Miserables' ar ei gilydd trw'r nos ond toedd neb yn deud dim, dim ond chwara yr un gêm ag arfar. Sefyll i 'God Save the Queen' a bob dim, cadw'n ddistaw, ia, rhag ofn i ni bechu'r dig-Gymraeg a cholli 'u hewyllys da nhw at yr iaith.

'Be sy'n bod ar y dig-Gymraeg?' medda fi wrth Siân.

'Sa i'n gwbod!' medda Siân. 'Dig byddet tithe 'fyd, siŵr o fod, 'se dy ddiwylliant di wedi marw gyda Dylan Thomas yn 1953! Faint mwy o faeth all neb ei sugno mas o *Udder Milk Wood* for God's sake?!' A ffwr' â hi i'r bar ar ben ei hun…

Dwi'n poeni am Siân. Tydi hi'm yn deud dim gair o'i phen am hydoedd ac wedyn ma' hi fatha tasa hi'n troi yn schizo-Ffrengig. Pan esh i draw i'r bar dyna lle'r oedd hi yn taranu yng nghlust y boi Llafur 'na sy o blaid y Gymraeg…

'Diffyg arweiniad!' medda hi. 'Diffyg gweledigaeth!! Bydde'r sefyllfa hyn byth wedi digwydd dan Ron!'

'Chwara teg nawr!' medda'r aelod. 'Ma' nation-building Ron yn digwydd gan bwyll bach, t'wel. Ond sdim pwrs diwaelod, o's e?'

'Nag o's e?' medda Siân. 'Pwrs diwaelod sy'n rhedeg y wlad 'ma 'set ti'n gofyn i fi!'

Ac wedyn dyma hi'n pigo ar Ben Bach a dechra'i holi fo'n dwll ynglŷn â'i bolisi diweddara.

'Sawl gwaith s'ishe gweud 'thot ti?' medda Ben. 'Fel Denmarc ac Iwerddon!'

'Ie ond pwy un?' medda Siân. 'Ma' 'da Denmarc frenin ond s'da Werddon ddim!'

'Dim ond ffŵl bydde'n gofyn shwt gwestiwn ar drothwy etholiad!' medda Lun. 'Let sleeping dogs lie, ife? Sdim electoral gain ynddo fe!'

'Ffycin hel!' medda Siân yn gandryll. 'Beth wedodd Gwyneth Lewis? "Creu gwir fel gwydr", ife? Through a glass darkly more like.'

Through a glass 'Dark'-ly, ia, fel bydd yr hogia efo'r Brains yn deud yn yr Heath.

Ma' Siân yn deud bod y Blaid Lafur Gymreig yn hollti fatha'r llechi tu allan i'r bilding, ond ma' gin i ofn bod y Blaid Bach yn deilchion yn barod.

6
PAN GYLL Y CALL

La Primitiva

Does 'na neb call yn mynd i Rufain yn ystod y Pasg. Ma' hi'n costio ffortiwn i fflio yno, ma' hi'n amhosib ffeindio lle i aros o fewn hannar can milltir i'r canol, ac os wyt ti isho bwyd y peth calla i neud ydi stwffio sleisan o pizza yn dy handbag cyn i ti adael Caerdydd achos mi fydd y ristorantes i gyd yn orlawn… Lle i'w osgoi ydi Sgwâr St Pedr adag yma o'r flwyddyn achos bod pob Pabydd yn y greadigaeth a thu hwnt yn heidio i'w Mecca i weld Meccano'r Pab. Ond dyna fo, be sy raid sy raid…

Oeddan ni wedi sylwi bod yr hen Sylvia Pugh, mam Siân, yn mynd lawr yr allt ers sbel ond mi ddechreuodd hi godi sbîd fatha ryw chariot of fire yn ystod gaea dwutha ac roedd pawb yn boenus iawn yn ei chylch hi. Mi oedd hi wedi dechra colli 'i cho'n lân ac mi oedd hi'n medru bod yn rêl jadan ar adega. Oedd hi wedi mynd i alw Siân 'cw'n 'Gwen', sef y chwaer na tydan ni byth yn ei gweld o un pen o'r flwyddyn i'r llall. Dyna lle'r oedd Mrs Pugh yn canmol 'Gwen' i'r cymyla gan gyhuddo 'Siân' o'i hesgeuluso hi, a toedd hi ddim gwell efo Gwenlli. Mi fydda'r hogan bach wrth ei bodd yn picio draw i weld Mam-gu bob amsar ond toedd hi ddim wedi mentro drosd y rhiniog byth ers iddi gael ei hel allan o'r tŷ ar ôl cael ei chyhuddo o ddwyn ei phres hi. Toedd mam Siân a finna 'rioed wedi dŵad ymlaen yn rhyw sbeshal iawn ond mae o'n beth trist iawn gweld unrhyw un yn troi'n rhywun diarth o flaen 'ych llygad chi. Dyna lle'r oedd hi'n syllu arna i am hydoedd, fatha taswn i'n set deledu ne' rwbath, a phan ofynnodd Siân iddi os o'dd hi'n 'y nabod i, mi ffromodd.

'Nabod o? Yndw! Fel tasa posib i mi beidio,' medda hi. 'Mi dda'th o i'n tŷ ni i gael swper rhyw dro, ond fedra Seimon mo'i ddiodda fo!'

Toedd Siân ddim yn siŵr iawn be i neud a'i hymatab cynta' hi oedd ella dylsa hi ddŵad i fyw aton ni. To'n i'm isho bod yn gas ond fedrwn i'm gweld hynny'n gweithio rwsut.

Mi fuon ni'n trafod efo'r doctor a'r gwasanaetha cymdeithasol a ballu, a'r consensws oedd bod hi'n well i bobol aros yn eu cynefin mor hir â phosib gyn bellad na toeddan nhw ddim mewn peryg. Ella bod yr hen wraig yn ffwndro dipyn bob hyn-a-hyn ond mi roedd hi'n edrach ar ôl ei hun reit ddel a toedd neb yn poeni gormod tan i ni gael galwad o'r banc un bora. Roedd y clarc, Rita Chakrobati, yn torri pob rheol fancio wrth drafod cyfri Sylvia Pugh efo 'run enaid byw ond mi roedd hi'n ffrind da i Siân ac o'dd hi'n meddwl tybad os oedd 'na broblem…

Tydw i ddim yn dallt lot am bres, ia, ond ma' gofyn i chi fod yn eitha primitive i goelio stori'r Lotería Primitiva, y sgam fwya yn hanas y greadigaeth. Roedd Sylvia Pugh wedi datgelu 'i manylion banc i gyd i'r ffycars ac oedd hi wedi colli dega o filoedd o bunna. Ac wedyn, fel tasa hynny ddim yn ddigon, mi anfonodd y Santa Lucia Security Company ei manylion hi at sgamars erill yn Canada. Mi fuodd rheini'n gyrru toman o dicedi iddi trw'r post bob wsnos, gan addo'n ffyddlon bysa hi'n bownd o ennill… Pan agoron ni'r biwro i weld y post mi syrthiodd 'na werth fforestydd yr Amazon o docynna loteri allan ac mi ddechreuodd Gwenlli grio a mynd draw i roid cwtsh i Mam-gu.

Cwbwl ddeudodd Sylvia oedd bod y dyn yn Canada yn 'gentleman'… O'dd o wedi 'i siarsio hi i beidio deud wrth neb rhag ofn iddi sboilio'r syrpreis pan fysa hi'n datgelu faint oedd hi wedi ennill… Pan gyll y call fe gyll ymhell meddan nhw.

Ond pan gyll y coed cyll eu cnau ma'r wiwerod yn mynd yn nyts… Am ddynas oedd wedi bod yn hel ei chelc mor ofalus ers yr holl flynyddoedd mi roedd Sylvia wedi cachu ar ei choncyrs go iawn. Mi fysa'r hen Seimon Pugh wedi troi yn ei fedd 'blaw bod ei lwch o wedi cael ei wasgaru ar lethra Carn Ingli, y cradur.

Mi basiodd y creisus yna fel pob creisus arall. Mi gafodd Siân yr hawl gyfreithiol i edrach ar ôl cownts ei mham a rhoid pres pocad iddi yn ôl y galw. Mi gafodd yr hen wraig rywfaint o'i phres yn ôl ond ddoth hi byth dros y sioc. Roedd yn gas gynni hi fforinyrs 'rioed ond fedra hi ddim dŵad dros y ffaith bod dyn mor 'well-spoken' wedi 'i thwyllo hi ar y ffôn.

'Sa i'n credu bo dim byd arall amdani,' medda Siân. 'Wy i'n credu bo rhaid mynd â hi i Lourdes ne' rwbeth…'

'Lords?' me fi. 'Tydi'r tymor cricet ddim wedi dechra eto.'

'Nage Lords, Lourdes!' medda Siân yn flin. 'Credu bo ishe gwyrth ar Mam.'

'O'n i'm yn gwbod bo chdi'n credu mewn petha fel'na,' me fi.

'Sa i yn,' medda Siân, 'ond wy i'n credu bo *hi*…'

'Ia, ond o'n i'n meddwl na Methodist oedd hi? Capal Crwys, ia ddim?'

'Ie, ond yn yr eglwys cafodd hi ei chodi, t'wel.'

'Dwi'n gweld,' medda fi. 'Sdim rhyfadd bod hi'n gymaint o snob.'

'Gad e, reit!' medda Siân yn stowt. 'Nag wyt ti'n gwbod pryd i stopo? Ma' jobyn o waith 'da ni ar 'yn plât man hyn!'

'Synnu gweld chdi'n rwbio yn y Fatican cofia…' me fi.

'Be ma' Mami'n gredu, 'na beth sy'n bwysig,' medda Siân. 'Ma' hi'n dwlu ar y Pab byth 'ddar iddi weld e'n dreifo 'i Pope-mobile yn Llandaf yn 1982.'

'John Paul oedd hwnnw, ia,' me fi. 'Benedict ydi hwn!'

'Sdim ishe becso gormod 'bytu 'nny,' medda Siân. 'Sa i'n credu bydd Mami druan yn gwbod y gwa'nieth…'

Dyna lle'r oedd y Pab yn siarad mewn tua chant a thair o wahanol ieithoedd o ben balconi'r Fatican ar Sul y Pasg, a channoedd o filoedd o eilun-addolwyr yn sefyll ar y sgwâr yn gwrando arno fo. Ac yn fanna rwla dyna lle'r oedd yr hen Sylvia Pugh yn ei helfan yn chwifio baner cariad ei hances bocad wen arno fo…

Adag yma llynadd oedd Siân a fi yn ista yn ffenast-bae lolfa'r Atlantic Hotel yn gwatsiad hofrennydd yn landio ar Ynys Bŷr. Dwrnod cnebrwn y Pab, dwrnod mawr i bob aelod o Eglwys Rhufain. Dwrnod bysa pob Pabydd yn y greadigaeth isho cymyd rhyw fath o ran ynddo fo. Ond, wrth gwrs, doedd gin y mynachod ar yr ynys ddim ffasiwn beth â set deledu, nag oedd? Felly be neuthon nhw oedd heirio hofrennydd i fynd â set drosodd iddyn nhw, jest ar gyfar y cnebrwn, a mynd â hi yn ei hôl yn syth wedyn. Dwn i'm os ydyn nhw'n meddwl bod watsiad y teli yn bechod marwol ne' be ond gweld hi'n bechod wastio cymint o bres o'n i'n hun, ia. Ond dyna fo. Tydi'r Fatican ddim yn brin o geiniog ne' ddwy…

Ma' nhw'n deud na'r Fatican ydi'r wlad leia yn y byd ond y fwya yn y byd o ran ei dylanwad ar feddylia pobol. Dyma 'na gwestiwn yn croesi'n meddwl i'n syth bin a dyma fi'n gofyn i Siân…

'Ydi'r Fatican yn Ewrop, d'wad?' me fi.

'Ti'n gofyn rhwbeth nawr,' medda Siân. 'Sa i'n credu bo'r Fatican yn y byd, gweud y gwir 'thot ti. Ddim yn y byd go iawn ta beth!'

Ond dyna lle'r oedd mam Siân yn gwenu fel pererin bach siriol, yn hapus wrth ymyl y lli, ac yn gweiddi 'La Papa! La Papa! La Papa!' ar dop ei llais a phobol yn piso chwerthin am ei phen hi.

'Be sy ar yr Italians dwl 'ma?' medda fi wrth Siân. 'Tydi o ddim mor ddoniol â hynny, yndi?'

'Cenedl enwe!' medda Siân yn 'y nghlust i. 'Nage "La" Papa – "Il" Papa yw e fod, Mam bach... Ma' 'ddi wedi bod yn gweiddi "The Pope is a tit"!'

'Ia, wel, ti'n gwbod be ma' nhw'n ddeud, twyt,' me fi. 'Gin y gwirion ceir y gwir, ia.'

Dwn i'm faint o les nath y trip i Mrs Pugh, cofiwch. Dyna lle'r oedd hi yn lluchio ewros galore i mewn i'r dŵr yn y Ffontana de Trefi... Roedd Siân wedi cael gafael ar gopi o *L'Humanité* yn rhwla ac yn gresynu ynglŷn â'r stori ddiddorol am y ffor' roedd gwestai duwiol Lourdes yn ecsploitio gweithwyr o Lithwania drw' dalu llai na hatling gwraig weddw iddyn nhw... Cyflog teg mewn manna cysegredig? Be ti'n ddisgwl – gwyrth?

7

PUM MUNUD O LONYDD

'So ti'n mynd i gymryd am byth, 'yt ti?' medda Siân wrth i ni garu yn y gwely.

'Does na'm byd yn cymyd am byth, nag oes?' me fi, gan fustachu gora fedrwn i.

'Nag oes ma'n siŵr,' medda Siân gan ochneidio a sbio ar ei watsh. 'Dim ond bo fe'n dishgwl fel 'nny withie! Dere, wir Dduw. Ma'r bys yn mynd am wyth. Allwn ni byth â ffwrdo miso fe!'

Ma' Siân yn dŵad o Fenws a finna'n dŵad o Mars. Ma'i chloc hi wastad yn ffast a f'un inna ar go-slo. Cwbwl fedrwn i neud oedd gadal fy watsh ar amsar Sbaen drw' gydol y flwyddyn a gobeithio byswn i'n dal i fyny efo hi rywbryd…

Doedd Siân byth adra dyddia yma. Mi oedd hi'n teithio'r byd yn rhinwedd ei swydd ac oeddan ni jest iawn wedi colli nabod ar 'yn gilydd. 'Dach chi'n gwbod yr erthygla–codi–cenfigen 'na yn y papur sy'n agor efo'r geiriau 'Erbyn i chi ddarllan hwn, mi fydda i'n trio osgoi'r coconyts sy'n syrthio o'r palmwydd ar y traeth yn Colombo, Sri Lanka…'? Siân sy'n sgwennu bob un wan jac ohonyn nhw. Os nag ydi hi yn Easter Island yn ystod y Pasg ma' hi yn Alice Springs yn y gwanwyn. Ma' hi allan o'r wlad yn amlach na Non Dom, ond dyna fo, neith y Blaid Bach byth dyfu'n blaid fawr, medda hi, oni bai bo ni'n lledu ein gorwelion. Ond wrth gwrs ma' 'na bris i'w dalu am deithio, does? O'dd Gwenlli wedi dechra galw Mam ar ei mam-gu, ac ma' Mam-gu druan yn gofyn 'Pw' 'di'r ddynas 'na?' bob tro ma' 'i mherch hi'n dŵad adra. O'dd petha wedi mynd mor ddrwg yn ddiweddar oedd hyd yn oed Ben a Lun wedi sylwi.

'Madde i fi am fod yn bersonol,' medda Lun wrtha fi un noson, 'ond beth y'ch chi'ch dou'n neud ymbytu rhyw dyddie hyn?'

'Paid â phoeni, del,' medda fi. 'Tydi'r matar ddim yn codi!'

'Ma' pob math o sïon ar led, ti'n gwbod 'nny on'd wyt ti?' medda Lun. 'Ma'n nhw'n gweud bo Glenys yn meddwl ymddeol cyn bo hir a bo Siân yn ffansïo cymryd ei lle hi fel Aelod Ewropeaidd…'

'Be ti'n fwydro?' me fi. 'Toes gin neb obaith o ennill y sêt yna nag oes, oni bai bo chdi'n aelod o'r Blaid Lafur…'

'Yn gwmws,' medda Lun. 'Wy i'n gwbod bo Siân wedi cael siom 'bytu rhester y Cynulliad ond gobitho nag yw hi'n mynd i'n bradychu ni…'

'Paid â gofyn i mi,' medda fi. 'Rhyngthi hi a'i phetha, ia…'

'Beth sy'n bod 'not ti'r wew?' medda Lun. 'Os eith Siân i Ewrop byddi di byth yn ei gweld hi o gwbwl. Pwy sy'n deseino dy ddillad di – Gok Wan? Bydden i'n gobitho bo 'da ti ddigon o fôls i neud rhywbeth i achub dy briodas! Beth ymbytu trefnu ail fish mêl?'

Trwbwl efo tripia sy'n deud 'Amsterdam' ar y brochure ydi bod nhw'n dy wllwn di mewn gwesty tua 30km tu allan a chynnig dim byd ond rhyw half-day bach pathetig i chdi yn y ddinas. Ond fel o'dd hi'n digwydd bod mi o'dd hynny'n 'yn siwtio ni i'r dim. Ma' Siân wedi bod yn Holland dwn i'm sawl gwaith dros y blynyddoedd, cynhadledd hyn, symposiwm llall, ond tydi hi 'rioed wedi gneud rhwbath mor syml â mynd i weld y tiwlips, medda hi. Gnewch y pethau bychain, ia… Fatha diwyllio dipyn bach ar 'ych gŵr.

Ma' Siân wedi cymyd yn ei phen bod awyrenna yn llygru'r ddaear ar fwy o sbîd na dim byd arall, felly bys a beic o'dd hi i fod yn yr Iseldiroedd. Ma' hi'n nabod peilot sy'n fflio i faes awyr Charles de Gaulle bob dydd medda hi ond tydi o 'rioed wedi bod ym Mharis. Ma' hi'n gwbod am bobol erill sy wedi bod ar cruises rownd y byd a gweld y seits i gyd ond yr unig bobol ma'n nhw byth yn siarad efo nhw ydi 'i gilydd. Ar wahân i'r guide wrth gwrs, ia. Gnewch yn siŵr bo chi'n rhoid ugian punt yn ei het o ar *ddechra'r* daith os ydach chi isho unrhyw sylw gwerth ei halan.

Dwi'n swnio fatha taswn i'n siarad dros y wraig rŵan, dwi'n gwbod hynny. Ond ma' newid yn tshenj, yndi? Pan 'dan ni ar deithia, prin fedra i ga'l gair i mewn ac alla i'ch sicrhau chi na hi sy'n siarad drosta fi. Mis mêl ne' beidio, o'dd Siân yn dal i fynd, mynd, mynd a honey fedrwn i o'dd dal i fyny efo hi...

'Ymlacia, Siân bach,' me fi. ''Dan ni ar 'yn holides! Fo ydi streicar gora Ffrainc, 'sti.'

'Pwy?' medda Siân yn syn.

'Charles de Gôl, ia!' me fi ond dim ond gwgu nath hi. Dim ots lle roedd hi, roedd Ewrop ar ei brêns hi.

Deud y gwir yn onast oedd Siân wedi bod yn yr 'Iseldiroedd' byth ers i bobol Holland ddilyn y patrwm schizo-Ffrengig a gwrthod cytundeb newydd Ewrop, ac o'n i'n meddwl ella bod hyd yn oed selot fatha hi yn dechra ama'r holl brosiect...

'Sa i'n gweud llai. Ma' lot fowr o lygredd yn y system wrth gwrs,' medda hi noson gynta yn y gwesty. 'Peiriant printio arian, 'na beth yw'r Senedd Ewropeaidd, t'wel.'

'Felly o'n i'n clywad,' me fi. 'O'n i'n dallt bod pob MEP yn millionaire erbyn iddyn nhw orffan. Fysat ti'm isho bod yn un ma' siŵr, na fysat?'

'Ti'n jocan!' medda Siân. 'Ma' Gwenlli'n colli nabod 'no i fel ma' 'ddi. Fel ti'n gweud, ma'n rhaid i ni neud amser i ni'n hunen!'

'At leisure in the blooming gardens of Keukenhof' oedd o'n ddeud ar y brochure. Ma' isho iddyn nhw newid eu sgwennwr tasach chi'n gofyn i mi. Ma'r boi yn rhy onast o'r hannar. Dyna lle oeddan ni yn tiptoe-io trwy y tiwlips yng nghwmni cannoedd o octogenarians oedd â'u bryd ar ddim byd llai na nabio bloda ar gyfar eu gerddi yn Borth.

'Quick, Fred, where's me secateurs? I can't find me secateurs anywhere! Grab a cooting, there's a good lad!'

'What's the odds, Freda? For Christ's sake, they're only fookin' tulips!'

'I know they're only fookin' tulips, but you never know – one of 'em might be black!'

Ac wrth gwrs, y trwbwl arall efo tripia fel hyn ydi'r pryda bwyd. Os ti'n lwcus does dim rhaid i chdi rannu bwrdd efo mwy na tri ne' bedwar o bobol, ond ma' rhei hotels yn mynnu bo chdi'n ista fatha marchogion Brenin Arthur rownd horwth o fwrdd mawr crwn.

'Look at the steak, it's not even cooked!' medda Syr Lawnslot.

'Same as the veg,' medda Gwenhwyfar. 'Hard as bloody nails, man!'

'I like them al dente actually,' medda Siân.

'It's all right for you,' medda Syr Bedwyr. 'You've got your own teeth. Those bloody carrots just took my dentures!'

Fel gwleidydd da, cynrychiolydd y bobol a ballu, ia, mi aeth Siân draw i weld y Rep a chyflwyno'r cwynion ar eu rhan nhw. Wele, ni huna Ceidwad Israel – na cheidwad Palesteina chwaith. Cyn diwadd swpar ar y noson gynta mi oedd hi wedi canfasio pawb ar y bys ac wedi calciwletio bod o leia 64.3% o'r bobol ar y trip yn gefnogol mewn theori i'r syniad o Gymru yn Ewrop.

'Dere!' medda Siân ar ôl bwyd. 'Ma' hi'n amser i ni ymlacio.'

'Ia, grêt!' me fi. 'Gawn ni beint bach o lagyr ben 'yn hunain, ia…'

'Gad dy ddwli, nei di. Beics o gwmpas y dykes, 'na beth y'n ni'n mynd i neud heno!'

Ddim pum munud o lonydd sgynnyn nhw rownd y dykes ond oria ac oria o bedlo… Erbyn i ni gyrradd yn ôl yn y stafell oedd 'y nghoesa fi fel jeli ac er bod Siân yn edrach yn Absolutely Fabulous, oedd hi'n 'absolutely shattered' erbyn i ni gyrraedd yn ôl i'r boudoir…

O'dd hi'n amlwg na toedd 'na ddim gobaith o weithgarwch carwriaethol yn yr Iseldiroedd heno.

'Not tonite, Josaphine. Clyma dy goc a thro dy din!'

Ac ar fora'r trydydd dydd dyma ni'n 'nelu trwyn y bys am Amsterdam o'r diwadd, ac o'n i wrth 'y modd yno ma' rhaid i mi ddeud. Ond wedyn ma'r Hook of Holland bownd o dy fachu di ma' siŵr, tydi? Dwi'n gwbod na co' Dre ydw i ond ma' dinasoedd yn 'yn siwtio fi'n well dyddia yma. Pwy a ŵyr, ella bo fi wedi troi'n cosmopolitan. Pybs bach neis ar hyd y camlesi bob man a phawb fel tasan nhw'n cael hwyl. Mae'r Iseldireg yn swnio fatha Susnag, ac mi wyt ti'n cael y teimlad bo chdi ar fin dallt be ma' nhw'n ddeud unrhyw funud cyn i chdi sylweddoli na dim ond Dybl Dytsh ydi o yn y diwadd.

'Drych ar yr arwydd 'na,' medda Siân. 'Byddet ti'n rhoi dy arian mewn banc sy'n galw 'i hun yn 'ING'?'

'Be 'di ING?' me fi.

'Poen, loes, trallod,' medda Siân.

'Mm,' medda fi. 'Cadw dy ewros dan fatras fyswn i'n ddeud, ia!'

'Dal sownd!' medda Siân. 'Wy i jyst moyn popo miwn man hyn am funed…'

'Ia, grêt!' medda fi. 'Fysa dim otsh gin i ga' ryw beint bach hefyd!'

'Nage'r caffi!' medda Siân. 'Y Ganolfan Iaith hyn. Wy i
jyst moyn gweld beth o'r gloch yw hi ar y lleiafrif Ffriseg!'

'Dim ffiars o beryg, del!' me fi. 'Fuesh i 'rioed yn rhan o
leiafrif!'

'OK, 'te!' medda Siân. 'Wela i ti miwn hanner awr. Bydden
i'n cadw mas o'r caffi 'na os bydden i ti!'

Oedd y Crazy Whores Café yn cynnig bob dim dan haul
a mwy hefyd tasat ti'n gofyn i mi.

Merchaid o Thailand sgin y basdad Brit. Ond pawb â'i fys
ble bo'i ddolar, ia. Merchaid o Indonesia sy gin y Dutch East
Indies Company.

'Ha-ia, Joni! You wanna bit o' Java in Sumatra?'

'No, thank you! Not today,' me fi. 'My wife would be
Bali Krakatoa!'

Oedd ogla canabis yn dew yn bob man. Oedd o'n resin o
beth ond toedd gin ti'm dewis ond ei smygu fo. Dyna lle o'n
i'n ymlwybro trw'r ddinas yn meindio 'musnas yn hapus braf
pan welish i gang o bobol yn gwrando ar eu guide yn mwydro
tu allan i dŷ Ann Frank... Yanks yn ôl eu golwg nhw. Been
there, done that and dropped a bomb on most of them...

'Excuse me!' medda'r guide wrtha fi. 'These people have
paid good money to come on this tour.'

'Pardon?' me fi. 'You talkin' to me?'

'Look, pal!' medda fo yn nhwll 'y nghlust i. 'I know your
type only too well. You're eavesdropping on my lecture.
Why don't you just fuck off?!'

'Fuck off yourself, you cheeky Yankie bastard,' me fi.
'You're trespassin' on my story, uninvited as usual. Why
don't you go an' bomb Iraq or something?!'

'Jesus H Christ, we're supposed to be allies!' mo. 'You
mother-fuckin' Brit!'

'Don't you dare call me a Brit!' me fi. 'I can't stand the
United States!'

'You ungrateful piece of shit,' mo. 'We saved you from the Germans!'

'Long time comin' it was too,' me fi. 'Where were you when things were tough, you yellow-bellied bastards?'

'Beth yn y byd sy'n mynd 'mla'n man hyn?' medda Siân, wedi dychryn yn lan gweld ni'n dau yng ngyddfa'n gilydd.

'Speak English!' medda'r Yank wrth Siân.

'Speak the language of diplomacy, if you please!' medda Siân. 'God knows what your customers are thinking!'

Toedd y Southern Christian Fundamentally Racist Baptists 'rioed wedi clwad ffasiwn iaith o'r blaen – ddim gin ddynion gwyn beth bynnag. Dyma nhw'n sacio'r guide yn y fan a'r lle a ffonio Dick the Prick Cheney a gofyn iddo fo niwcio'r Iseldiroedd i gyd jest rhag ofn. 'Been there, done that. Praise the Lord! Haleliwia Halliburton.'

O'n i'n disgwl ram-dam iawn pan aethon ni adra i'r gwesty ond sioc o'r ochor ora gesh i.

'Bues i yn y "Crazy Whores Café" am ginio...' medda Siân.

'Arglwydd Mowr, i be?!' me fi.

'Wy'n gwbod bo'r canabis 'na yn resin o beth...' medda Siân.

''Yn lein i ydi honna,' me fi.

'Elli di ga'l lein 'da fi heno os ti ishe...' medda Siân. 'O'n i'n lyfo dy dactics di 'da'r neo-cons 'na yn y dre. Allwn ni ga'l nosweth gynnar heno...'

'Wyt ti'n siŵr medri di sbario'r amsar?' me fi.

'Paid bod yn stiwpid!' medda Siân. 'Ma'r cloc ar stop pan wyt ti ar drip. Elli di gymryd faint o amser ti moyn!'

8

TWLL DY DIN DI FARO

O'dd yr hogia wedi bwcio'u trip i'r Algarve ers misoedd. O'dd Cymru wedi leinio neb llai na'r Eidal yng Nghaerdydd ac o'dd pawb yn grediniol bo ni ar 'yn ffor' i Ewrop am y tro cynta 'rioed. Colli 'i sbarc nath tîm Sparky Hughes yn y diwadd wrth gwrs, fel bysach chi'n disgwl mewn gwlad sy wastad yn boddi yn ymyl y lan, ond to'dd dim cymaint o ots gin yr hogia am hynny. Os o's 'na rwbath sy'n well na chanu 'Hen Wlad Fy Nhada' mewn gêm, bŵio 'God Save the Queen' ydi hynny.

Yr unig foi dwi'n nabod sy'n tynnu'n groes i hynny ydi George Cooks. Ma' George yn caru'r Alban a tydi o'm yn cîn iawn ar y Sais ond ryw agwedd ddwyieithog ofnadwy sgynno fo at Gymru.

'Pam 'dach chi'm yn syportio England,' mo, 'os o's 'na ddau Gymro yn y tîm?'

'Pwy?' medda Mimw.

'Owen Michael ac Owen Hargreaves,' medda George.

'Dwy wennol ni wna wanwyn!' medda Sam. 'Pam na fysa'r wancars ddim yn chwara i Gymru?'

Toedd yr hogia 'rioed ar fwriad mynd i'r gêm p'run bynnag. Wast ar bres lysh fysa hynny, ia. O'dd hi'n bechod bod rhaid iddyn nhw dalu am eroplên ond wedyn ma' amsar yn fflio pan ti ar yr êl yndi. Cwbwl oeddan nhw'n neud o'dd yfad trw'r nos, cysgu trw'r dydd a mynd allan i chwilio am drwbwl yn y bars eto noson wedyn. Ma' Mimw Besda a John Tŷ Nain a Harri Mul a rheina wedi mynd yn rhy hen i gwffio bellach, felly be ma' nhw'n neud ydi mynd â criw o Gofis ifanc gwyllt efo nhw a'u hwrjo nhw i gwffio dros Gymru yn hytrach na leinio'i gilydd efo batia baseball ar y Maes yn Dre 'cw bob nos Sadwrn.

Toedd y Saeson wrth y bar ddim yn licio'r hogia o'r eiliad aethon nhw i mewn. Oeddan nhw'n meddwl bod nhw'n ignorant yn siarad Cymraeg efo'i gilydd trw'r amser. O'dd y Cofis ifanc isho'u leinio nhw efo'r ciws pŵl yn syth bin ond mi lwyddodd Sam i'w perswadio nhw na toedd 'na ddim pwynt wastio amser yfad ac y bysa ni'n eu ca'l nhw yn ôl ar y cae... Oedd y Saeson yn Portiwgal am bythefnos ond toeddan nhw'n dal ddim yn gwbod lle oeddan nhw. 'I came here on holiday with my mum when I was a nipper,' medda'r Sais wrth y barman. 'Oh aye? Which resort?' medda'r barman. 'Dunno,' medda'r boi drwy niwloedd yr êl. 'Bulgaria I think it was.'

Mi oedd yr hogia'n dechra poeni braidd wrth i'r twrnament fynd yn ei flaen... Mi oedd bŵio Lloegar yn sbort mawr ond mi o'dd petha'n dechra mynd yn siriys bellach – yr wyth ola ac oedd Lloegar yn dal i mewn... Portiwgal yn erbyn Lloegar – hon o'dd y ffeinal gyn belled ag oeddan ni yn y cwestiwn. Head-to-head dau o chwaraewyr Man U. Pen bach yn erbyn pen mowr: Rooney yn erbyn Roonaldo...

Dwi'm yn gwbod amdanoch chi ond ma' 'na betha rhyfadd yn digwydd i mi yn ystod gêm ffwtbol. Dwi 'rioed wedi bod isho i Loegar ennill ffyc-ôl ond pobol ydi pobol wedi'r cwbwl. Gwyddal go iawn ydi Rooney, ia, ac mi fydda i'n 'i weld o'r un ffunud â'r llun o Bwtch Cassidy sy ar y postar 'Wanted' 'na sy yn yr amgueddfa yn Sain Ffagan. Ma' gynno fo dempar fel matsian fatha finna a to'n i'm yn licio'r ffor' roedd Ronaldo yn tynnu arno fo drw' gydol y gêm, ia, i feddwl bo nhw'n fêts yn Man U a bob dim. O'dd biti gin i dros Rooney pan gafodd o'i yrru o'r cae. Ella bod o wedi sathru rhyw fymryn ar y Portiwgi oedd ar lawr ond toedd dim isho i hwnnw riddfan a rowlio ac udo fatha tasa fo wedi 'i gicio fo yn ei fôls. Dipyn o gontinental o'n i'n gweld Ronaldo, deifar a rogar uffar, llanc dima oedd yn stydio 'i QP Brylcreem yn y gwydyr bob bora.

Ond wedyn dyma Sam Cei yn deud wrtha i am hanas Ronaldo a Mourinho, manijer Chelsea. Portiwgi ydi hwnnw hefyd wrth gwrs ac mi gymrish i ato fo o'r munud gwelish i o. Oedd ei Susnag o'n waeth na Susnag Mimw i ddechra. Boi'n gwisgo masg, medda fi wrth 'yn hun wrth ei weld o'n tynnu ar y mast-media efo'i 'I am the sbeshal one' a ballu. Fatha Mohammed Ali ar ei ora, dyna be o'n i'n feddwl, ia, ond naci, dim o gwbwl, medda Sam... Mi glywodd Sam o'n sbeitio Ronaldo ar y teli un noson, gneud hwyl am ei ben o, ddim achos bod o'n dwat ond am fod o'n dŵad o gefndir tlawd yn Funchal, Madeira, yr ynys sy pia Portiwgal (am ryw reswm) allan ym Môr yr Iwerydd yn fan'cw. A dyna lle gwelish i'r mourdra yn Mourinho am y tro cynta. Sbeshal wan o ddiawl! Toes na'm byd yn sbeshal mewn bod yn hen gont, medda fi wrth 'yn hun. Twll dy din di, Faro!

Ystyr Faro ydi goleudy meddan nhw i mi. Ma'r gair yn dal yn fyw yn Susnag Cernyw ma'n debyg er na 'leitws' 'dan ni'n ddeud yn Dre. Ond toedd 'na'n sicir ddim goleuni yn yr Algarve ar ôl y gêm. Mi o'dd Lloegar allan o Ewrop ac mi roedd y Saeson yn y bar isho gwaed. Dyna lle'r oedd y barman bach yn panicio'n llwyr ac yn ofni am ei fywyd:

'Football is no important, no! England and Portugal is allies since 1475! The boys done good. We beat-a the Spanish Armada in 1588 no?'

'Fuck off, you grovelling Paki bastard!' medda'r Sais. 'If

35

you're livin' 'ere you should go Church of England like 'ooz, speak proper English and worship the Queen instead of pinchin' 'ooz jobs!'

'Gwranda ar y cont dwl!' medda Sam. 'Tydi'r ffwcar ddim yn gwbod bod o dros môr. This is Portugal, you prat!'

'No it's not, it's Algarve! Who asked you anyway, you fookin' sheepshagger?'

'Pick on somebody your own Sais!' medda Mimw gan dapio'r Sais ar ei ysgwydd. Dyma'r Size yn troi rownd a gweld boi oedd hyd yn oed yn llai na'r barman.

'You rubbin' it in with that Grand Slam t-shirt or wha'?'

'Ai don't laic rygbi,' medda Mimw. 'But England is a load of bôls!'

O'dd hi'n rhyfal drosd y byd i gyd noson honno. Oedd y lagyr-lowts wedi bod yn dial ar waiters Portiwgi yn Jersey, ac wedi bod yn smasho'u ceir nhw yn Ibiza. Oeddan nhw wedi bod yn malu lampia 'Mateus Rosé' yn dipia man yn yr East End ac o'dd Goa yn no-goa area.

Rhyw atgofion fel hyn oedd yn dŵad i'r co' wrth stagio ar glawr *Lol* yn Steddfod. Dyna lle'r oedd y DJ Cymraeg 'ma sy'n gweithio i Radio 1 yn gwisgo crys Lloegar ac yn gwenu fatha giât wrth iddo fo ddeud 'Rooney'n gwenu o glust i glust tan i Portiwga'l gôl!'

@caDemi
hybu llên • literature promotion

SAFONAU BEIRNIADOL SALZBURG

'So ti ar rester Llyfyr y Flwyddyn 'leni 'to, 'te!' medda Lun wrtha fi un noson.

'Nes i'm trio, 'sti,' me fi.

'Sdim rhaid i ti drial am Lyfyr y Flwyddyn, y ffŵl!' medda hitha. 'Ma' pob llyfyr gas 'i gyhoeddi 'leni miwn yn y pair!'

Hen dric budur, ia? Fforsio pobol sy ddim yn licio cystadlu i gystadlu yn erbyn eu hewyllys. Pan dwi'n ca'l bet dwi'n licio stydio'r fform: taswn i isho cystadlu fyswn i'n cymryd stag i weld pw' 'di'r beirniad gynta i weld os ydi'r diawl yn deilwng.

Ond licio ne' beidio dyna lle'r o'n i ar noson y seremoni fawr yn sefyll yng nghyntedd Gwesty'r Hulpan, Caerdydd, yn sipio siampên efo Siân, Ben a Lun. Siampên Socialists go iawn, ia? Bai Siân o'dd o, cega a swnian a blagardio'r hogyn am hydoedd. 'Beth sy'n bod 'not ti'r llipryn diymadferth? Ti'n sgwennu i'r rhacsyn *Taliesin* 'na bob chwarter, nag wyt ti? Ffona'r Academi a mynna ddou docyn!' Jelys o'dd hi achos bod Ben a Lun yn ca'l mynd am ddim. Does nelo Ben Bach ddim byd â llyfra ar wahân i'r ffaith na tydi o byth yn prynu rhei, ond mi gafodd o'i wadd gin Sugno Maeth/Suckers Dry, cwmni lobïo'r Cynulliad. Cwmni roedd hi'n bleser o'r mwyaf gynno fo 'noddi'r seremoni ysblennydd hon heno'.

Dyna lle'r o'dd Lun ar ei seico-ffantig ora yn hobnobio efo'u ffrindia nhw o'r Cynulliad. 'Ha-ia, Owen! Sut wyt ti, Dafydd? Alun Pugh, w! Llongyfarchiadau! Chi wedi dysgu Cymraeg yn rhyfeddol. Thank you very much, it's just a little something I had in the wardrobe, actually!'

Deud y gwir yn onast o'dd 'na gymaint o wleidyddion yn y seremoni toedd na'm llawer o le i'r hoi-poloi.

''Chydig iawn o sgwenwyr sy 'ma, ia,' me fi.

'A llai fyth o nhw'n llenorion!' medda Siân, sy wedi chwerwi'n ofnadwy'n ddiweddar.

Dyna lle'r o'dd pawb yn ista ar fyrdda crwn fatha Brenin Arthur. Bwr' S4C, bwr' BBC a ballu. Dwi'm yn siŵr iawn be o'dd bwr' ni ond oedd neb arall yn fodlon cymryd Dora Rech ac mi ddoth y graduras i ista efo ni...

O'dd Dora wedi cyrradd y Rhestr Hir 'leni am *Frau, Frau yn Tsheina*, ei nofal sych grimp am berthynas ddychmygol rhwng Dietrich Bonhoeffer a Gladys Aylward. Esh i ddim pellach na'r bejan gynta. Ond chwara teg iddi am ddŵad. O'dd y rhan fwya o'r Rhestr Hir wedi cadw draw o'r sere-monni...

'Beth sy'n bod?' medda Lun. 'Wedi pwdu, ife?'

'Nage,' medda Dora. 'Ceson nhw ddim gwadd!'

Ro'dd *Frau, Frau yn Tsheina* wedi bod ar waelod y rhestr yng Ngwobr Goffi Daniel Owen dair blynadd yn olynol ac roedd hi wedi ca'l adolygiada difrifol yn bob man. Roedd hi'n llawn o gystrawenna ac idioma Susnag a'i berfa mor wallus â gwaith hogan ysgol. Deud y gwir toedd neb yn fodlon ei chyhoeddi hi 'blaw bod Vanity Press wedi sefyll yn y bwlch. Ond ma' hi'n amlwg bod beirniaid Llyfr y Flwyddyn yn gweld rhwbath ynddi.

Peth rhyfadd ydi chwaeth, ia? Pwy fysat ti'n ei roid ar dy restr a ballu. Pan o'n i yn yr ysgol ers talwm dyma Fred yr Hed yn cyhoeddi yn asembli bod 'na drip yn mynd i Awstria yn yr ha' am ddim ond hannar canpunt. Nath John Tŷ Nain a fi ddim byd ond piso chwerthin. Dim ond hogia fatha Heddwyn Gweinidog a rheina o'dd yn medru fforddio petha fel'na yn Dre ers talwm, ia. Yr unig un o dosbarth ni gafodd fynd o'dd Frieda Svensson, blondan blaen ar y diawl na fysa ddim yn cyrradd rhestr fer neb o'r hogia tasa hi'r hogan ola yn y byd. Ond gesh i sioc ar 'y nhin un bora pan landiodd 'na bostcard o'rwth Heddwyn ar y mat yn Sgubor Goch 'cw yn deud bod hogia Sell-am-Zee wedi gwirioni efo Frieda ac yn heidio fatha gwenyn at bot jam o'i chwmpas hi.

Ond sgwennwr cachu ne' beidio ma' Dora Rech wedi bod yn feirniad yn y Steddfod Genedlaethol sawl gwaith ac o'dd hi'n deud bod 'na betha rhyfadd uffernol yn digwydd yn fan'no hefyd. Ddeudodd hi stori wrtha fi am y Bardd Cenedlaethol, Gwyneth Lewis – honna sy'n fflotio ar rafft rownd Cape Horn a ballu jest am hwyl.

'Un o feirdd praffaf Cymru, ch'wel,' medda Dora, 'ond so 'ddi byth wedi cipio'r goron!'

'Sut hynny?' me fi.

'Sa i'n gwbod,' medda Dora gan sibrwd yn 'y nghlust i, 'ond wedodd un beirniad craff wrtho i os bydde fe'n gwbod taw Gwyneth o'dd pia'r cerddi bydde fe wedi 'i gwobrwyo hi ar ei phen!'

'Cythrel canu!' medda Siân yn ddilornus. 'Pwy mor amal ma'r gân ore yn ennill *Cân i Gymru*?'

'Cytuno'n llwyr, Siân bach!' me fi. 'Chdi o'dd isho dŵad yma. Ti'n nabod fi: dwi'm yn licio dim seremoni!'

'Dere 'mla'n, Gron!' medda Ben Bach yn sbeitlyd. 'Awdur proffesiynol. Byddet ti wrth dy fodd 'set ti wedi sgrifennu Llyfyr y Flwyddyn!'

'Dwi *wedi* sgwennu llyfr y flwyddyn,' me fi. 'Sgwennish i un llynadd a dwi 'di sgwennu un arall 'leni!' Pawb yn chwerthin. 'Fyswn i'n beirniadu llyfra'r beirniaid 'ma heno,' me fi, 'taswn i'n gwbod am rwbath ma' nhw wedi'i sgwennu!' Pawb yn chwerthin eto. Pwy ydw i i gwyno, ia, os ydi pawb yn ca'l laff?

'Hist!' medda Lun. 'Ma'r seremoni'n dechre.'

Dyna lle'r oedd yr MC Git O'Harri oedd wedi fflio yr holl ffor' o Tuxedo, USA, i annerch y gynulleidfa. Dyma fo'n egluro bod y Rhestr Hir wedi ca'l ei hacio lawr nes o'dd hi'n 'Rhestr Hi': tair fodan ifanc o'dd ar y Rhestr Fer 'leni.

'Clit-lit, t'wel!' medda Luned Malaprop. 'Byddet *ti* ddim yn gwbod dim byd ymbytu fe ond ma' llenyddieth Gymrâg yn secsi nawr!'

Dyma'r fodins yn cyflwyno'u hunain a'u llyfra ar fideos ar y wal, a dyma'r Rhestr Fer Susnag yn ca'l cyfla i neud yr un peth wedyn. O'dd yr hogyn yn dechra anesmwytho. O'dd 'na bwcad o rew ar y bwr' a dim tropyn o lysh ynddi. Toedd neb arall fatha tasan nhw'n poeni dim, ond fedrwn i'm llai na sylwi ar y dyddiad ar y ticad: Mehefin yr 21ain – noson hira'r flwyddyn. Fysa rhaid i mi ga'l peint cyn bo hir…

To'n i'm wedi ca'l tamad i fyta ers 'y mrecwast. Mi o'dd 'y mol i'n gofyn lle o'dd 'y ngheg i, ac am y ddynas wrth 'yn ochor i, wel! Tydi pobol ddim yn ca'l glasenwa am ddim byd, nadyn? Mi o'dd irritable bowel Dora Rech yn dechra chwara fyny go iawn. Roedd hi wedi dechra bomio megis Dresden, a dyma fi'n sylweddoli pam nad oedd neb arall yn fodlon rhannu bwr' efo hi. O'dd Alun Pugh, y gweinidog diwylliant, ar ei draed erbyn hyn ac o'n i'n crefu arno fo i gyhoeddi'r canlyniad fatha'r boi 'na ar 'Canwr y Byd': 'A'r enichydd heno yew…' Ond cwbwl nath o o'dd mwydro 'mlaen am oria am ba mor ddiwylliedig ydan ni fel cenedl, pa mor wych ydi'n llyfra a'n sgrifenwyr ni a ballu. Canolfan y Mileniwm, Eisteddfod yr Urdd, Gŵyl y Gelli… Ydy'r Hay Festival yn gwbod bod hi yng Nghymru, yndi? Ma' Radio Four yn mynnu sôn am y 'rolling hills of Herefordshire' bob gafal. Sdim rhyfadd bod y Gelli mor Gandryll, myn uffar i.

Fedrwn i'm disgwl dim chwanag. Nesh i ddenig o sŵn y

crinc ac allan i'r bar am beint o Guinness a dyna lle roedd tua ugian o waiters o bob rhan o Ewrop yn disgwl mor eiddgar â finna am y cyfla i syrfio'r cinio. 'You French, aye?' medda fi wrth y flondan tu nôl i'r bar, clwad ei Susnag hi'n chwithig. 'No, Polish!' medda'r hogan. 'Need anee plumbin don? I can be der before breakfast doomoro!' O'dd hi'n atgoffa fi dipyn bach o Frieda Svensson. Gymrodd John Tŷ Nain a finna stag iawn ar Frieda eto pan dda'th hi adra o'i gwylia yn Awstria, a phenderfynu, na! Ella na ni o'dd yn ddall, ia, ond doeddan ni'n dal i weld dim byd ynddi. 'Ffyc off, y bastards,' medda Frieda'n ffroenuchel. 'Dim ots gynno fi amdanoch chi. Gynno fi ffan-clyb yn Salzburg, reit?'

Pan esh i'n dôl i mewn i'r seremoni o'dd y cwbwl drosodd a'r hogan fuddugol yn martshio lawr o'r podium efo'i Czech. Dyma Lywydd y Cynulliad yn codi o'i sêt ac yn plannu clamp o sws ar ei boch hi. Fysa Lun wedi rhoid rwbath am sêl bendith fel'na gin y Cynulliad. Ond noson Jac a Martha a Sianco o'dd hi heno. Yn dair ar higian oed a'i thudalen hi'n wag o'i blaen hi, mi o'dd Lewis Caryl yn 'Wonderland' am weddill y noson, a finna yn y coridor yn sbio i mewn…

Ma'n debyg na welodd neb mono fi yn y seremoni ond fel pob ghost writer da mi o'n i yna yn yr ysbryd.

10

SGRECH!
DIM PWYNT I NORWY

O'n i wedi gobeithio mynd i fyny
i Dre ar 'yn holidês ha' 'leni, mynd
â Gwenlli draw i weld yr Hen Fod
a ballu, ond mi o'dd Siân isho mynd
dros môr, doedd. Fedrwn i'm coelio
'nghlustia pan ddeudodd hi bod ni
am fynd i Norwy. Cwbwl wyddwn i
am y lle o'dd eu bod nhw wedi ca'l
'dim pwynt' yn yr Eurovision fwy nag
unwaith a do'n i'm yn gweld dim pwynt
mynd yno. Ond ma' Siân wedi mopio
ar yr Undeb Ewropeaidd, wrth gwrs, ac ma' hi methu dallt
pam bod Norwy wedi troi 'i chefn ar yr ewro gan fynnu na'r
'krone' sydd 'ore' a ballu. Felly ffwr' â ni ar fferi i Kristiansand.
Ffor' slo uffernol o fynd i Oslo, me fi. Ond wrth gwrs o'dd o'n
gyfla gwych i Siân ga'l mwydro penna'r Norwyaid cyffredin.
Toes na'm lle i ddenig pan 'dach chi'n gweithio ar gwch ar y
North Sea, nag oes?

Ma' Norwy'n lle grêt os ti'n licio coed 'Dolig a llynnoedd,
ond ar ôl tri dwrnod o ddim byd arall gesh i lond bol.

'Ble ti'n mynd?' medda Siân.

'Fy fjord sy lawn!' me fi. 'Dwi'n mynd i chwilio am doilet
efo bar ynddo fo!'

Ond gwae fi Stavanger a Throndheim, toes na'm ffasiwn
beth â thafarn i ga'l yn Norwy! Os t'isho peint ma' rhaid i
chdi ga'l sgram 'run pryd a thalu trw' dy drwyn am doman o

bysgod amrwd ma' nhw'n ei alw'n Smörgåsbord. O'n i'm yn meindio'r Smör, ia, ond a'th ogla'r -gåsbord yn drech na fi. Ac i goroni'r cyfan dyma Gwenlli'n dechra strancio: 'Sa i'n byta cig carw Siôn Corn! Nage gwylie yw hwn! Ble mae'r siop fake-tan? Bydd ffrindie fi'n chwerthin am ben fi. No way ni'n dod i Norway 'to!'

Ma' Siân yn dechra poeni o ddifri bod Gwenlli'n tynnu ar ôl ei thad. '"Trivial Pursuits" a puns sy'n deilwng o'r *Sun*, 'na lefel diwylliant y groten!' medda Siân gan 'yn llusgo ni drw'r fforestydd i chwilio am Dŷ Dol Ibsen a Pier Gynt Grieg a ballu. Dipyn o ddiwylliant go iawn, ia.

Dwn i'm be sy'n bod arna fi ond ma' gin i ryw ddawn anhygoel o fod yn y llefydd iawn ar yr amsar rong. O'dd Siân wedi mynd i'r amgueddfa 'ma yn Oslo i brynu ticedi gan adal Gwenlli a finna i chwara brag am bres ar y fainc yn y cyntedd. Yn sydyn, dyma gofalwyr yr amgueddfa yn dechra rhedag a rasio fatha dynion gwyllt o gwmpas y lle. Nath neb 'rioed styrio fel hyn yn Sain Ffagan, alla i ddeud hynny wrtha chdi rŵan! O'n i'n methu dallt be o'dd yr holl gomoshwn. Ond wedyn dyma Siân yn ei hôl â'i gwynt yn ei dwrn: 'Ffyc me, Narvik!' medda hi. 'Ma rhywun wedi dwyn "Sgrech" Munch!'

Artist o'dd Munch; artist mwya Norwy. Statws megis Kyffin gynno fo, boi ma'r dosbarth canol cenedlaetholgar yn llewygu dim ond ca'l un sniff o ogla 'i baent o. Llunia tebycach i lunia Nowi Bala o'dd o'n neud, petha na fedri di neud pen na chynffon ohonyn nhw fel arfar. Ond yn rhyfadd iawn mi ddalltish i'n syth be o'dd gin yr hen Munch pan beintiodd o 'Sgrech'.

Pan aethon ni adra i'r gwesty mi agorodd Siân botal jin gwerth £120 o'r oergell yn y stafell ac yfad un mawr ar ei ben... Mi 'stynnodd lyfr o'r shilff wrth ben y gwely a dangos llun o 'Sgrech' Munch i mi. Llun o foi yn sefyll ar ben ei hun bach ydi o, Bont yr Abar yn y cefndir a cheg y cradur yn llydan gorad led y pen fatha tasa fo wedi ca'l ofn drw' 'i din ac allan.

'Ma' pobol Norwy mor naïf,' medda Siân. 'Meddylia bod trysor penna'r genedl yn hongian ar fachyn yn yr amgueddfa a neb yn dishgwl ar ei ôl e...'

11

E-BYSTOL GRON AT Y CORINTHIAID

Boi o flaen 'i oes oedd yr Apostol Paul. Bob tro roedd o'n mynd ar ei wylia yn y Med mi fydda fo'n anfon e-bystol yn hytrach na gyrru postcard. 'Chydig iawn o groeso gafodd o ar rai o'r ynysoedd: mi gafodd ei longddryllio ym Malta ac mi gafodd ei chwipio yn y jêl yn Cyprus yn union fatha tasa fo'n lagyr-lowt ne' rwbath. Fuo jest iawn i mi lwgu pan gyrhaeddais i Groeg achos na toeddwn i ddim yn medru darllan y menus yn y caffis. I feddwl na alpha oedd y llythyran gynta yn eu wyddor nhw toeddan nhw ddim fel tasan nhw'n gwbod be o'dd alpha-bet. Ond buan iawn ma' rhywun yn dysgu, ia, pan ma'i fol o'n gweiddi lle ma'i geg o. Mi o'dd gin yr Apostol Paul ddigon o sens i ddysgu'r iaith cyn iddo fo fynd yno.

'Kalimera sas!' medda'r Apostol wrth y waiter.

'Wai u lyrn Greek?' medda'r waiter.

'Una krasi rod, una nero, neh?' medda'r Apostol, gan ordro gwydrad o win a photal o ddŵr.

'Wai u lyrn Greek?' medda'r waiter eto. 'Nobody lyrn Greek!'

'Be Zante'r stiffado dwl?' medda'r Apostol Paul. 'Tydi'r Testament Newydd heb gael ei sgwennu eto heb sôn am gael ei gyfieithu i Saesnag. Wyt ti isho cael tröedigaeth ne' beidio?'

O'dd Siân 'cw wedi bod i Groeg sawl gwaith cyn i ni briodi. Felly bydda stiwdants tlawd yn y saithdega, ia, yn cysgu ar y traetha, byw ar y gwynt a mynd ar bererindod i

Kos ne' Halkidiki. Ne' Lesbos... os oeddan nhw isho. Pawb at y peth y bo, ia. Ond oeddan ninna wedi bod yn dŵad yma ar 'yn gwylia fel teulu amball waith hefyd ar ôl i Gwenlli 'cw fod yn swnian... Dyma'r fechan yn crashio mewn trw' ddrws stafell wely 'i rhieni un bora efo brochure 'Long-haul' Thomas Cook yn ei llaw.

'Sa i moyn mynd i wledydd freezin' byth 'to,' medda hi, llawn cyffro. 'Wy i moyn mynd i'r long-haul ble mae'r haul yn para'n hir!'

Chwara teg i Gwenlli, medda fi wrth 'yn hun. Gin y gwirion ceir y gwir, ia. O'n inna wedi laru ar fferru ar y fferi yng ngogledd Ewrop hefyd. Fedra i ddim cael lliw haul achos na cochyn India ydw i ond ma' bob dim yn gynhesach yn ne Ewrop rywsut – gan gynnwys y bobol sy'n byw yna. Druan o bobol Rwsia ddeuda i – sdim rhyfadd bod nhw isho cwffio Rhyfal Oer.

O'n i reit falch pan glywish i bod Groeg am droi'n Ewropeaidd a newid eu pres a ballu, achos bo fi wedi laru ista wrth y bar efo ready-wreckner yn trio gweithio allan sawl mil o ddrachmas o'dd potal o Olympus yn gostio. Ond yr ochor arall i'r ewro wrth gwrs ydi bod pobol o ogledd Ewrop yn heidio i weithio tu nôl i'r bar yn Corfu. Bob un wan jac ohonyn nhw'n trio siarad Susnag efo chdi a chditha wedi bod yn straffaglu ers blynyddoedd efo dy 'Greek for a Geek in a Week'. Ac, wrth gwrs, pella i gyd ma' dy ffin Ewropeaidd di'n mynd, mwya i gyd o bobol sy'n trio dŵad i mewn yn anghyfreithlon. Dwi'n nabod y boi 'ma, Enver Hoaxer, sy'n nofio o Albania i Corfu bob ha' er mwyn gweithio am bres yn ei law yn Kassiopi. Toes 'na neb fatha tasan nhw'n meindio hynny ond wyt ti wedi gweld map o Groeg 'rioed, do? Os oedd T H Parry-Williams yn meddwl bod darna ohono fo ar wasgar hyd y lle, ddylsat ti weld fan hyn. Mae o fatha tasa rhywun wedi codi Grecian Urn a'i smasho hi'n dipia mân. Fysa gofyn i unrhyw illegal immigrant fod yn idiot dall i beidio ffeindio darn o dir Groeg i longddryllio 'i hun arno fo.

Ond dyna fo, problem Athens ydi hynny. Problem fach arall sgin i. Pan gymrodd Groeg at yr ewro o'n i'n meddwl siŵr bysan nhw wedi safoni un neu ddau o betha erill yr un pryd. Dwi'n gwbod yn iawn bod gin Groeg a Rhufain systema carthffosiaeth pan oedd y Saeson yn dal i gachu yn y coed yn Lower Sillage-ia, ond tydi peipia neb yn para am byth. Pwy bynnag oedd y pan-peipar gwreiddiol mi oedd o wedi deifio i mewn a gneud job gachu o'r plymio. Mi ydan ni i gyd yn gyfarwydd â narrow-gauge railways ar lein bach yr Wyddfa a ballu, wrth gwrs, ond chlywish i 'rioed sôn am narrow-gauge peipia-bog o'r blaen.

Peidiwch â 'nghamddallt i, tydw i ddim yn ffysi. Gesh i'n magu mewn tai lle na toedd na ddim bog o gwbwl. Dim ond cwt yn y cefn, a thwll gerllaw a chamber-pot dan y gwely yn y nos jest rhag ofn. 'Dach chi'n cofio'r hen jôc honno am y Duke of Edinburgh ers talwm? Doedd fiw i'r morynion osod y pot ar ben wardrob 'because the Duke likes his po-lo'. Toeddan ni'n ddiniwad deudwch? Dwi'n cofio Taid Nefyn yn taranu yn erbyn y dyfeisiada modern 'ma. O'dd o'n meddwl na peth sglyfaethus ar y naw o'dd gneud eich busnas yn y tŷ. Ond ma' 'na rei petha sy byth yn newid. Peth sglyfaethus ydi gneud 'ych busnas yng Ngroeg hyd yn oed heddiw 'ma os na watshiwch chi.

O'n i'n meddwl bod petha'n ddigon drwg yn Llydaw pan esh i draw i Bont-tivy efo Harvey'r Llydawr Lloerig. O'dd yr hogia wedi bod ar y Lambig ar stumoga gwag heblaw am kilo o eirin gwlanog ac o'n i'n despret am ga'l mynd i'r toilet efo papur. Cyrraedd y geudy jest mewn pryd a be welish i? Dim byd ond twll yn y llawr a dwy jaen yn hongian uwch ei ben o…

'Lle ma'r sêt?' medda fi wrth Harvey.

'Sêt?' medda Harvey'n syn. 'Te so snob! Be ti fod i neud ydi hongian gerfydd dy freichia dros y twll 'na efo dy goesa ar led...'

Ma' hi'n addysg mynd ar y cyfandir, ia, ddeuda i hynny. To'n i'm yn gwbod tan yr eiliad honno sut oedd contortionist fatha Harri Houdini'n gneud ei dricia.

'Te so sod!' medda Harvey, gan chwerthin am 'y mhen i. 'Ti mor dwp! Tydi ista ar dy din ddim yn lles i neb!'

'Paid â sefyll yn fanna!' me fi. 'Pasia'r papur i mi, nei di?'

'Papur?' medda Harvey. 'Does dim papur!'

'Be dwi fod i neud 'ta?' medda fi.

'C'est la vie!' medda Harvey, gan godi 'i sgwyddau a 'ngadal i'n hongian heb ddwylo yn fanna. 'Hwn yw conundrum Llydaw. Os ti'n gweithio fe mas, ti'n ennill y Prize-oneg!'

Ma' 'na ddigonadd o bapur yn y toileda yn Groeg – trwbwl ydi chei di mo'i roid o lawr y pan... Be ti'n gorod neud ydi sychu dy hun a rhoid y papur mewn bocs yn union fatha tasat ti wedi sychu dy drwyn... Dyna ydi'r syniad beth bynnag, ond fuesh i 'rioed yn rhyw hapus iawn efo'r peth ma'n rhaid i mi ddeud. Bob tro bydda i'n gweld pry yn landio ar 'yn moussaka fi yn y tafarna gyda'r nos, fedra i ddim peidio meddwl tybad lle cafodd o'i bryd dwutha...

'Tyf lan, nei di?' medda Siân rhwng ei dannadd. 'Wy i'n ca'l digon o drwbwl 'da Gwenllian. Os yw plentyn yn gallu ymdopi... Ma' rhaid i ti dderbyn bo safone'n amrywio pan ti'n teithio. Sdim safone gorllewin Ewrop i ga'l ym mhobman.'

'Paid â camddallt,' medda fi. 'Ma'r Ewro-pian yn iawn, yr Ewro-cacan 'di'r trwbwl!'

Ond dyna fo, dyna sy'n braf ynglŷn â bod ar 'ych gwylia, ia. Ma' problema rhywun i gyd yn diflannu wrth i chi sipian 'ych ouzo ar y teras a gwatsiad yr haul yn machlud. O'dd Gwenlli'n pendwmpian yn braf ar 'y nglin i a Siân wrthi'n traethu fel bydd hi i drio'n addysgu fi am hanas a thraddodiada pob gwlad 'dan ni'n ymweld â hi… Churchill oedd odani heno 'ma, am y ffordd ddaru o fradychu'r comiwnyddion Groegaidd fuo'n cwffio ar 'yn hochor ni yn erbyn Hitler a Mussolini. Gafodd *Captain Corelli's Mandolin* ei ffilmio jest lawr y lôn o'n stafall ni yn Kefalonia ond, wrth gwrs, ddeudodd y ffilm ddim byd am hynny…

O'n i wedi bod ar yr ouzo ers diwadd p'nawn ac o'dd o wedi dechra mynd i 'mhen i braidd. 'Well i mi fynd â McNabs i'r ciando dwi'n meddwl,' me fi wrth Siân, fel esgus i fynd i'r lle chwech…

O'n i'n meddwl 'mod i wedi dŵad i arfar ond cael-a-chael o'dd hi yn diwadd. O'dd hi wedi mynd yn dipyn o farathon bob dydd wrth i mi ista yn fanna yn syllu ar Mount O-lymp-us trw' ffenast fach y bog. Sy'n OK ar ddiwrnod normal. Ond ydach chi 'rioed wedi bod ar sesh p'nawn ar cassis do? Ma' gin i ofn na Deiariws oedd yn teyrnasu heno a hwnnw yn tanio fatha machine-gun o'i Stromboli a saethu i bob cyfeiriad. O'n i'n teimlo fatha'r corff yn Corfu myn uffar i. Tra ro'n i'n straffaglu yn fanna ar ynysoedd Andrex a Soros a Tinos mi anghofish bob dim am beidio rhoid y papur yn y pan ac wrth gwrs mi dynnish y tshaen. Erbyn i Siân ddŵad i weld lle'r o'n i o'dd hi fatha Cantra'r Gwaelod yn y bog.

Bora trannoeth, dyma fi'n anfon e-bystol Gron at y Corinthiaid yn crefu arnyn nhw i neud rwbath… Os ydi'r Undeb Ewropeaidd yn medru creu bananas syth, dwi'n siŵr medra nhw logi criw o Bwyliaid i Zlotyo peipia siwrij newydd yn Groeg. Ac mi nesh i adduned yn y fan a'r lle: o hynny 'mlaen mi fyswn i'n cefnogi Siân bob cam o'r ffor' yn ei hymdrechion pan-Ewropeaidd.

NEFAR IN EWROP

Cyfrol nesaf Goronwy Jones

Lluniodd yr hen Primo Levi gyfrol ar destun mor ymddangosiadol ddiflas â *The Periodic Table* a'r dasg mae'r Dyn Dŵad yn bwriadu ymgymryd â hi yw trio creu adloniant allan o sychgrimprwydd yr Undeb Ewropeaidd.

Gyda hyn, bydd y wasg a'r cyfryngau yn ferw o wybodaeth a thrafodaethau yn sgil y refferendwm ar y Cyfansoddiad Ewropeaidd, a nod Goronwy Jones yw canfod y straeon sydd rhwng y llinellau.

Casgliad o straeon cysylltiedig sy'n ymwneud mewn rhyw fodd â phob un o'r pum gwlad ar hugain sy'n perthyn i'r Undeb Ewropeaidd (yn ogystal ag ambell un sydd ddim, megis Norwy, y Swistir a Gwlad yr Iâ, gan holi tybed paham) gan obeithio codi gwên ac ambell grachan yr un pryd.

Cychwynnwyd ar y dasg eisoes drwy gyhoeddi straeon ar Latfia a Slofenia yn *Barn* a *Dim Lol*, a bydd un arall yn ymddangos yn *Taliesin* cyn bo hir. Does neb yn gwbod pam ond mewn cyfnodolion fel hyn mae'r Dyn wastad yn Dŵad gynta. Bwriedir cwblhau'r gyfrol rywbryd cyn y diwedd. Pwy a ŵyr beth ddigwyddith pan mae awdur ar daith?

Pe bai ei gais yn digwydd bod yn llwyddiannus, dymuna'r awdur gael ei dalu mewn sterling. Dim byd yn erbyn yr ewro, wrth gwrs, ond 'Quid pro Co' chwedl yntau...

METAMORFFOSIS SGWENNWR SOBOR

Syniad Siân o'dd sgwennu cyfrol am Ewrop. O'dd Tony Blair wedi gaddo bysan ni'n ca'l 'European Roadshow' yn 2004–5 yn union fatha roadshow Evan Roberts ganrif yn gynt, ac o'dd nacw'n mynnu bysa 'na nofal ar blât i mi yn ei sgil hi. O'n i newydd ddreifio echelydd chwil Volvo'r delyn i mewn i glawdd yn Aberglaslyn ar 'yn ffor' adra o'r Ring, Llanfrothan, ar drip i'r gogledd. O'n i wedi ca'l homar o ffein, o'n i angan y mags ac ar awr wan mi addawish i betha mawr i'r Cwango Llyfra taswn i 'mond yn ca'l mymryn o grant gynnyn nhw. Ond chwythu'i blwc nath Blair a'i babes yn union fatha nath Evan a'i grwpis ers talwm. Mi wrthododd pobol Ewrop chwara'r gêm. Doedd y roadshow'n mynd i nunlla, a dyma'n llyfr inna yn dechra Tir Na Nogio hefyd...

Bob hydref yr un peth mi fydd Siân yn pori drw'r brochures gwylia i weld ble'r awn ni yn y gwanwyn. 'Leni ma' hi'n bygwth bwcio 'Grand Imperial Explorer Literary Tour of Central Europe' (long and boring guided tours included).

'Porterage o ddrws i ddrws a phopeth,' medda Siân. ''Na beth wy'n 'i alw'n wylie!'

'Ti'n meddwl?' me fi. 'Fysa well gin i ga'l holide efo cwpwl o gesus!'

O'n i'n gwbod o chwerw brofiad be o'dd o 'mlaen i, to'n? Y penwthnos uffernol 'nnw yng Ngweriniaeth y Cheque yn ca'l 'yn halio o un amgueddfa i'r llall fatha ryw Khafkan hound. Lagyr cry'? Chesh i'm tshans am sesh! O'n i'n teimlo fatha taswn i mewn arch ym Mhrâg ne' rwbath myn uffar

i. Ond, dyna fo, os o'dd y bos wedi penderfynu... 'Os taw cyfrol am Ewrop yw hi i fod, ma' hi'n bwysig bo ti'n neud dy ymchwil yn iawn!'

Mi o'dd Cwango Llyfra wedi trefnu 'sesiwn bwysig' ar sut i olygu llyfra. 'Dewch i weld beth s'da'r arbenigwyr i weud,' medda Miss Awen Gwales wrtha i ar y ffôn. 'Falle dysgwch chi rwbeth 'bytu cymeriadu, plotio, dyfeisgarwch ac ati; shwt i ysgrifennu llyfyr crefftus, da, gyda dechrau, canol a diwedd!' Do'dd gin i'm lot o ffansi deud gwir, ond mi glywodd nacw'r sgwrs ac mi fynnodd 'mod i'n mynd tasa 'mond i ga'l dipyn o ysbrydoliaeth. 'Gweddw dawn heb ei chrefft!' medda Siân. 'Gweddw gwraig heb ei gŵr hefyd,' medda fi. 'Be ti'n trio neud, 'yn lladd i?'

O'n i byth yn meddwl bysa fo'n digwydd i mi ond fuesh i byth yr un fath ar ôl bod ar y rhaglen deledu *Dyn Newydd Sbon*. Mi fuodd 'na amsar pan fyddwn i'n rhegi a rhwygo'r holl ffor' wrth i Siân 'yn halio fi wysg 'y nhin i'r 'Men Swear' i chwilio am ddillad newydd. Ond pan euthum yn hŷn myfi a roddais heibio bethau bachgennaidd. Ma'n debyg bydda'r Apostol Paul yn prynu llond cês o betha yn Next Tel Aviv bob tro bydda fo'n mynd ar ei deithia i Malta a Cyprus a ballu, ac mi o'n inna wedi gwisgo'n smart i fynd i'r gynhadledd achos 'mod i'n teimlo dipyn bach yn wylaidd ac Austinedig yn ymyl y Rolls Royce o lenorion o'dd o 'nghwmpas i.

'Wy i mor falch bo chi wedi dod!' medda Miss Awen Gwales gan roid ei llaw yn 'y mhocad i i chwilio am y tsiec gyntad byth ag y cyrhaeddish i Gastell Brychan. 'Sa i ishe'ch seboni chi ond ma'ch gwaith chi'n addawol iawn yn wir! *Pres y Prentis*, *Y Llyfrbryf Llon*, *Y Lotto Ddarllen*: gyda tam' bach o olygu creadigol wy i'n siŵr bydd y gwobre i gyd o fewn 'ych cyrredd chi ryw ddydd!'

Dyna lle'r o'n i'n ista lawr trw' bora yn gwrando ar lond

panal o fodins mewn oed yn mwydro ynglŷn â'r grefft o fod yn olygus. O'dd 'na rywun wedi seffti-pinio bathodyn efo'n enw fi arno fo yn lapel 'yn siwt i rhag ofn i mi fynd ar goll. Ond to'dd 'na ddim peryg o hynny, achos mi o'dd hi'n amlwg bod y fodins wedi mapio bob modfadd o briffyrdd ein llên ar ein cyfar ni brentisiaid. 'Chwynnu'r testun!' meddan nhw fatha petha o'u coua. 'Tocio, ontife? Torri pethe lawr i seis!' O'n i'n teimlo fatha taswn i mewn clwb garddio ne' rwbath myn uffar i, a to'n i'm yn licio golwg y secateurs miniog 'na ro'dd Miss Awen Gwales yn eu chwifio o 'mlaen i. O'dd golwg fatha Buddug arni yn arwain Gwasg y Brython i'r gad. Ac os rwbath, mi oedd Miss Print a Miss Anthropi'n edrach yn fwy peryg byth.

'When shall we three meet again?' medda Sam Snich o'dd yn ista wrth 'yn ochor i.

'Be?' medda fi, achos dim ond dau ohonon ni o'dd yn y rhes...

'Witches Macbeth!' mo. 'So ti wedi clywed am y Zeitgeist? Rhain yw'r menwod sy'n gwbod, t'wel! Nhw sy'n gwarchod y safonau ac yn gosod y ddeddf i lawr. "Dyma'r canllawiau, cymrwch nodiadau"! Watshia dy waith, boi. Does yr un sillaf yn saff rhagor. Y menwod sy'n rheoli popeth heddi! Gorau nofel, Nofel y Miss!'

Hen gont 'di Sam Snich, ma' pawb yn gwbod hynny. Does gin i ddim byd yn erbyn fodins, ac eto... Glywist ti'r stori am y Dyn Dŵad hwnnw ddaru ddeffro un bora a ffeindio ei fod o wedi troi'n lwmpyn o bwti o'dd yn ca'l ei siapio a'i fowldio gin gang o fodins dosbarth-canol?

'Ma' pob nofel yn well o'i golygu!' medda Miss Gwales, a'i llgada hi'n gloywi yn ystod y drafodaeth agored nes 'mlaen. 'Cymerwch *Rhys Louis*, er enghraifft. Clasur ne' bido, alle honna fod wedi neud â gwd clipiad hefyd!'

'Ydach chi'n trio deud na toedd Daniel Owen ddim yn

golygu be o'dd o'n ddeud?' me fi, gan roid 'yn llaw i fyny cyn gofyn, jest rhag ofn.

Pawb yn chwerthin.

'Chi mor ysmala!' medda hitha, crafu 'nhin i fel bydd hi.

'Ddim smalio ydw i,' medda fi. 'Y stwff 'na ynglŷn â'r sgweieriaid a'r morynion a ballu: mi ddaru'r golygyddion drio sensro Daniel Owen, os dwi'n cofio'n iawn!'

'Sneb yn sôn 'bytu sensro man hyn,' medda'r Awen gan symud yn ei blaen. 'Nawr, ymbytu'r grefft o greu cymeriadaeth crwn…'

'Cymeriadaeth Gron ydi'r cwbwl fedra i neud, del!' me fi a dyma ambell un cleniach na'i gilydd yn dechra piffian eto…

'Co ni off 'to!' medda Miss Anthropi yn flin fatha cacwn. 'Whare 'da geirie, 'na i gyd ma' fe byth yn neud!'

'Falch o glwad bo chdi'n darllan 'y ngwaith i, del!' me fi.

'Gydag anhawster mawr, alla i'ch sicrhau chi o hynny!' medda hitha. '"Gormod o bwdin dagith gi". Ma'r holl whare 'da geirie 'na'n llethu'ch rhyddiaith chi, ddyn!'

'Be? Too many notes, ia?' me fi. 'Fel deudodd yr Ymerawdwr wrth Mozart.' (Ma' rhywun yn dysgu rwbath ar y 'Grand Classical Music Tour of Europe', yndi.)

'Ffrwyno, ymatal, dal yn ôl – 'na beth y'n ni wedi bod yn ei bwysleisio trw'r bore!' medda hitha. 'Nag y'ch chi'n gwbod ystyr cynildeb? Ma'ch mwyseirio dilyffethair chi'n amharu ar rediad y naratif!'

'Pryd sgwennist di naratif ddwutha, del bach?' medda fi. 'Cwbwl ti'n neud ydi chwara efo geiria pobol erill! Pw' hawl sgin ti i feirniadu?'

'Rhowch eich mwydod mwys yn eich genau goeg a gobithio tagwch chi arnyn nhw!' medda Miss Anthropi gan smashio gwydyr ei threbl brandi ar y bwr'. 'Byddwch chi'n difaru am hyn. Sefwch nes bo fi'n adolygu'ch llyfyr nesa chi!' medda hi a martsio ffwl-spîd i'r Ladies.

Dyna ydi'r trwbwl efo cynnal trafodaeth yn y bar amsar cinio. Faint o sens gest ti 'rioed mewn sesh p'nawn, ia? Ddoth Miss Awen Gwales draw efo lliain i mi ga'l sychu staen y brandi odd' ar 'y nghymeriad.

'Ma'n flin 'da fi 'bytu Miss Anthropi – ei hoedran hi, chi'n gwbod? Beth yw *hwnna*?' medda hi'n syn, gan bwyntio at 'y ngwydyr i. 'Nage chi sy â'r lemonêd ife?'

'Ydach chi'm wedi clwad?' me fi. 'Dwi ar y wagan byth ers i Tony Blair fynnu bod ni'n yfad 24/7. Fedra i'm diodda pobol yn deud wrtha i be i neud…'

'Dewch 'mla'n!' medda Miss Gwales. ''Na i gyd y'n ni'n trial neud yw eich helpu chi!'

'Helpu, myn uffar!' medda fi. 'Be nei di efo golygydd sy'n dymuno drwg i chdi? Ma' honna'n beirniadu 'ngwaith nesa fi cyn i mi sgwennu fo! Hannar tshans, mi fysa hi'n 'y ngolygu fi allan o fodolaeth! Cwbwl ma' hi isho neud ydi 'ngosod i ar y cowntar-tenor, cau'r fflap yn glep a dyna fi – Castrati!'

Crash, bang, wali! Sŵn mwy o wydra'n smasho ym mhen draw'r bar lle roedd Sam Snich newydd gyhuddo Cŵd Dwrlyn o lên-ladrad. O'dd y Cŵd yn gwadu'n llwyr ei fod o wedi dwyn tri-chwartar llyfr ei fêt ond ga'th o'i ddal, do, achos bod o'n ddigon dwl i nabio 'i walla iaith o hefyd. Hynny fedra Miss Gwales oedd cadw trefn ar ei chynhadledd, ond er bod gwydra gwin yn fflio o'i chwmpas hi'n bob man mi lwyddodd i neud datganiad i'r wasg. 'Rhyng-destunoldeb' oedd hi'n galw'r nabio: arwydd pendant fod safon llenyddiaeth Gymraeg yn codi gan fod mwy a mwy o ddefnydd ar gael sy'n wirioneddol werth ei ddwyn… 'A pharthed y gwallau iaith,' medda Miss Print, 'mae'n hysbys ei bod yn bolisi gennym bellach i gynnwys o leiaf un gyfrol lai na pherffaith ei gramadeg ar bob rhestr gwobrau, rhag digalonni *eraill*.'

Sgin i'm byd yn erbyn fodins ond fedra i ddim diodda malu cachu. Sobor o beth ydi pobol wedi meddwi, ia? Dyma fi'n camu fatha ryw Forgan Llwyd dros y môr o wydyr o'dd ar lawr ac yn ei 'nelu hi am y drws…

'Sefwch funud bach!' medda Miss Awen Gwales. 'Sa i wedi stampo'ch pasport chi 'to! Ma dedlein 'ych gwaith chi'n dynesu…'

'Sori,' medda fi, 'dwi'm yn licio'ch customs chi! Awdur ydw i, ddim ffatri sosijis!'

'Dewch 'mla'n!' medda hi. 'Ma'r cyhoedd yn awchu am weld y gyfrol. Beth sy'n bwysig yw bo pobol yn darllen!'

'Be sy'n bwysig ydi bod pobol yn meddwl, ia,' me fi. 'Hitiwch befo am y cosmetics, o's 'na rywun yn sbio ar be ma' awdur yn *ddeud*? Be 'di'r pwynt mwydro am nofela bach twt a theidi a'r wlad 'ma'n malu'n deilchion o'ch cwmpas chi? Sgwennu llyfra "da" myn uffar, be am sgwennu rhwbath smashing?'

'Sori!' medda fi wrth Siân pan esh i adra. 'Paid byth â gofyn i mi fynd i gynhad-ladd eto. Ma' 'na rei llefydd na tydw i jest ddim yn mynd iddyn nhw!'

'R S Thomas wedodd 'na!' medda Siân.

'Dwi'n falch bod o'n cytuno efo fi!' medda fi.

Dwi wedi bod yn meddwl lot am y boi Khafka druan 'na yn styc mewn castall o'r enw Brychan (exit not included). Fedri di'm metamorfforsho llyfr, na fedri? Ma'r lladron llên 'ma'n trio nabio 'ngeiria fi a rhoid eu geiria nhw 'u hunain yn eu lle nhw. Dwi'm isho ymchwilydd a dwi'm isho golygydd. Dwi'n cyfadda na sgwennwr sobor ydw i ond beth bynnag ydi'r llyfr 'ma ma'n rhaid i mi deithio'r ffor' honno fy hun…

DIM PELLACH NA BANGOR

Ma' nhw'n deud na'r daith o Moscow i Vladivostok ydi'r
siwrna drên hira yn y byd, ond dwi'm yn meddwl bod nhw'n
gwbod am y daith o Gaerdydd i Fangor. Sôn am draed mewn
cyffion myn uffar, oedd 'y nhraed i wedi cyffio'n gorn ymhell
cyn cyrradd Bangor a dyna fi'n 'nelu am y British am beint
cyn dal y bys i Dre.

'Peint o bityr, plîs!' medda fi wrth y barman.

'Sowth Wales, aye?' medda'r barman wrth iddo fo dynnu'r
peint.

'Sowth Wales? Be ti'n fwydro, cont?' me fi. 'Co' Dre dwi,
ia.'

'You sound like a Sowth Walian, aye!' medda fo.

'Ia, wel, dwi wedi byw yno ers deng mlynadd ar higian,'
me fi. 'Ti wedi clwad am y Thirty Years War, do?'

'History teacher, are you?' medda fo.

'Byw blydi hanas, dyna dwi'n neud, mêt!' me fi. 'Wyt ti'n
siarad Cymraeg ne' be?'

'Bangor born and Bangor bred,' mo. 'My tongue might be
English but my dentures are local. Which is more than can be
said for yours! Drink up quick or you'll lose the bus. You'll
be losing your roots at this rate, lad!'

'Toes gin hogia Dre ddim Susnag naturiol, nag oes,' medda
fi wrth Sam Cei wrth i ni ymlwybro draw i'r Black. ''Dan
ni fatha cameleon yndan,' me fi, 'yn pigo'r acen i fyny lle
bynnag 'dan ni'n byw…'

'Toes gin cameleon ddim acen!' medda Sam.

'Nag oes, OK, ond ti'n gwbod be dwi'n feddwl,' medda

fi. ''Dan ni'n troi'n betha diarth gwaetha ni'n 'yn dannadd, tydan, unwaith 'dan ni'n stopio siarad Cymraeg…'

'Siarada dros dy hun,' medda Sam. 'Tydi'r hogia byth yn stopio siarad Cymraeg!'

'O'dd Anti Mair Sir Fôn yn deud na taethat ti ddim pellach na Bangor efo Cymraeg,' me fi. 'Ac mi oedd hi'n iawn hefyd. Mi fagodd ei phlant yn uniaith Saesneg ar lannau'r Ddyfrdwy yn Deeside… Ond dyna fo, be nei di, ia. Ma' hi'n werth troi'n alltud ambell dro, yndi? Deud y gwir rŵan, ti'm yn meddwl bo fi'n swnio'n hannar a hannar ers i fi symud i Gaerdydd, wyt?'

'Stopia fwydro, nei di?' medda Sam. 'Sbia ar yr ochor ola, washi. O leia ti'n hannar call, twyt.'

O'dd yr hogia wrthi'n chwara brag am bres pan gerddon ni i mewn i'r pyb a phrin gymron nhw sylw ohona fi o gwbwl. Be 'di stranger in town, ia, pan ma' 'na igian punt yn y pŵl. Ond wedyn dyma na bry cop yn landio ar y bwr' i styrbio gêm yr hogia…

'Stopia stagio ar 'y nghardia fi, cont!' medda Mimw wrth y pry cop.

'Sgwasha'r basdad!' medda Sam.

'Paid ti meiddio!' medda George Cooks. 'Ella na dy daid ydi'r sbeidar 'na!'

'Be ti'n fwydro, George?' medda Bob. 'Ti wedi bod ar y sgync eto, do?'

'Darllena di dy Bhagavad Gita,' medda George. 'Ella na pry fyddi ditha yn y bywyd nesa.'

'Pwy sy'n rhoid dy ordors i chdi, George?' medda Sam. 'Dalai Lama, ia?'

'Synnu atoch chi Welsh Nash yn sbeitio Tibet,' medda George. 'Lhasa fo ddigwydd i chitha hefyd, sti!'

'Neis dy weld di, Gron,' medda Mimw ar ôl i mi brynu rownd iddo fo. 'Be ti'n da adra?'

'Chwilio am ysbrydoliaeth dwi,' me fi. 'Dwi'n trio sgwennu llyfr am Ewrop.'

'Ewrop?' medda George. 'Be ti'n neud yn fama 'ta?'

'Ma' fama yn Ewrop dydi'r cont dwl!' medda Sam.

'"Adeiladwyd gyda chymorth yr Undeb Ewropeaidd",' medda Bob. 'Welist ti mo'r arwydd 'na ar ffor' osgoi Twthill?'

'Be? Y Wancan Un 'na?' medda Mimw.

'Ia!' medda Sam. 'Yr Objective Wan. Gwan ar y diawl ydi hi hefyd! Fysa well tasan nhw wedi rhoid y match-funding i Meibion Glyndŵr!'

'Ia, ond tydan ni ddim yn Ewrop go iawn na' 'dan,' medda George. 'Ma' 'na fôr rhyngthan ni i ddechra. Tydan ni ddim yn iwsho ewros a tydan ni ddim yn dreifio'r ochor rong i'r lôn chwaith.'

'Ddim pan 'dan ni'n sobor beth bynnag,' medda fi. 'Ond be 'dach chi'n feddwl, hogia? Ydach chi'm yn meddwl bysa hi'n well tasan ni'n dreifio ar y dde fatha Ffrainc?'

'Be sant ti'r cont dwl?' medda Mimw. 'Fysan ni'n crasho mewn i'r ceir sy'n dŵad ffor' arall wedyn, bysan?'

★　★　★

O'n i'n croesi'r Maes efo Mimw Besda bora wedyn ar 'yn ffor' i'r siop-bob-dim-am-bunt 'na yn Stryd Llyn pan ddoth 'na ddau foi diarth i'n cwfwr ni…

'Su' mai?' medda un ohonyn nhw wrth Mimw.

'Su' mai, cont?' medda'r llall.

'Pw' 'di rheina?' medda fi.

'Fforinyrs,' medda Mimw. 'Ma' nhw'n Slofacio shilffoedd yn Tesco yn ystod y dydd ac yn Bratislafio yn gegin yr hotel 'na gyda'r nos.'

'O, reit!' medda fi. 'Ti'n mêts efo nhw felly, wyt?'

'Ffycin hel, nadw!' medda Mimw. 'Ma' nhw'n nabio jobs yr hogia, yndyn!'

'Be, wyt ti'n chwilio am job?' me fi. 'O'n i'n meddwl bo chdi'n well off ar pres plant…'

'Hei, llai o dy jeeks di,' medda Mimw. 'Ma' nhw'n jobsus i rywun, tydyn?'

'Ia, wel, ma' gin hogia Dre 'ma hawl i weithio yn eu gwlad nhwtha hefyd os ydyn nhw isho, toes?' me fi.

'Pwy ffwc s'isho tshecio Slofacia?' medda Mimw. 'Ti wedi gweld boot-boys Bratislafa, do? Oeddan nhw'n udo fatha mwncwns ar Meirion Iacobucci a dim ond chwartar Italian ydi o, ia!'

'Tydi pawb ddim yn racist, nadi,' medda fi. 'Ma'r Slofacians yna'n swnio'n OK. O leia ma' nhw'n trio siarad Cymraeg!'

'Ma nhw'n gwbod be sy'n dda iddyn nhw,' medda Mimw. 'Ma'r hogia wedi ca'l llond bol. Ma' hi'n anodd ffeindio barman Cymraeg yn Dre 'ma wedi mynd.'

'Cymro sy'n gweithio yn fama!' medda'r boi tu nôl cowntar y siop-bob-dim-am-bunt. 'Wyt ti isho prynu rwbath oes, cont?'

'Oes, Tad!' medda Mimw a sodro puntan ar y cowntar. 'Bryna i'r ffycin siop gin ti, yli, os ydi bob dim am bunt!'

O'dd Sam wrthi'n sortio'r rhwydi allan ar ei gwch yn y cei pan ddalish i fyny efo fo amsar cinio…

'Ddalist ti rwbath?' medda fi.

'Dim byd ond annwyd, ia,' medda Sam. 'Yli, wath i chdi heb â phigo ar Mimw. Bai y ffycin slavedrivers 'na ydi o yn chwara gweithwyr bob gwlad yn erbyn ei gilydd. Cwbwl ma'r ffwcars isho ydi pobol i weithio iddyn nhw am y nesa peth i ddim. Ma' pawb yn gwbod na pwrpas Ewrop ydi cadw cyfloga i lawr. Glywist ti am yr hot-hellier 'na yn Rhyl oedd wedi bildio hannar dwsin o bunk-beds yn y cwpwr Polish a fforshio'i weithwyr i wario'u cyflog i gyd ar bord an' lodjins? A'r ffarmwr tatws 'na o Sir Fôn o'dd wedi troi 'i sgubor yn sweatshop i lond gwlad o Rwmenians? Toes na'm digon i ga'l i'r basdads, dwi'n deud wrtha chdi... Faint ma' sgotwr yn ga'l am ei bysgod? Ma'r trawlers mawr 'na'n sbydu cregyn gora'r gorllewin 'ma i gyd a'u gwerthu nhw am grocbris yn ffycin Ffrainc a Sbaen...'

'Ma' hi'n swnio'n giami, Sam,' me fi. 'Wyt ti'n llwyddo i neud bywoliaeth wyt?'

'Allan o sgota? Nag 'dw i, siŵr Dduw!' medda Sam. 'Dwi'n dreifio Bysus Begw trw'r ha', tydw?'

'Arglwydd, wyt?' me fi. 'To'n i'm yn gwbod dim am hynny.'

'Ma' pawb yn Dre 'ma'n gwbod,' medda Sam. 'Unrhyw amsar t'isho holide, ia. Bargan dda, Bysus Begw, 'sti. "No frills, only thrills", ia, fel bydd yr hys-bys yn deud!'

'Lle fyddwch chi'n mynd 'lly?' medda fi.

'Cymru, Lloegar a Llanrwst i ddechra, 'de,' medda Sam. 'Werddon, yr Alban... Ac ar y cyfandir hefyd yn ddiweddar 'ma...'

'Ewrop?' medda fi, codi 'nghlustia. 'Swnio'n ddiddorol iawn...'

'Dwi ar y ffor' i'r depot rŵan deud gwir wrthat ti...' medda Sam, gan sbio ar ei watsh. 'Ma' croeso i chdi ddŵad i weld y cwmni os wyt t'isho.'

Lawr yn Penisadre yn fanna ma' nhw'n cadw Bysus Begw, yn y lle roeddan nhw'n cadw Corona ers talwm. Cofio'r hogia'n torri mewn a nabio llwyth o dandelion an' burdock pan oeddan ni'n bôrd un nos Wenar...

'Ydio'n neud chdi'n chwil, yndi cont?' medda Mimw.

'Nadi, ond mae o'n torri dy sychad di ar ôl i chdi fod yn cnoi magic myshrwms,' medda George.

'Dyma hi'r siari-bang fydda i'n ei dreifio, yli!' medda Sam a phwyntio at lond sied o rŵd ar olwynion.

'Arglwydd! Twyt ti 'rioed yn dreifio peth fel'na i Ewrop?' medda fi. 'Dwi'n siŵr 'mod i wedi bod ar drip ysgol Sul i Rhyl yn honna pan o'n i'n blentyn. O'dd 'na well syspension ar y moto-crashis yn Marine Lake hyd yn oed adag hynny!'

'Tydyn nhw ddim yn gneud bysus fel hyn heddiw 'ma,' medda Sam. 'Ma'r hen siaris 'ma yn para am byth. Dwi wedi bod mor bell â Warsaw ynddi hi, lawr i'r Balkans, de'r Eidal a bob man, a toes 'na neb 'rioed wedi cwyno!'

'Ddim hyd y gwyddost ti, ia!' medda fi. 'Ma' hi'n amhosib clwad gair ma' neb yn ddeud os ydi'r big-ends 'na'n bangio fel hyn trw'r amsar. Sbia ar y ffiwms sy'n dŵad o'r ecsôst ' na, cont! Fysa Siân acw'n gwaredu tasa hi yma! Be am yr haen ozone?'

'Sdim isho i chdi boeni am hynny,' medda Sam. 'Welodd neb 'rioed rhaenozoneous yn y Dre 'ma, 'sti! Nag eliffantod pinc, chwaith!'

Dyma'r ffôn yn canu a dyma Sam yn chwthu'r llwch 'ddarno fo cyn ei atab o.

'Clem, y cont! Lle'r wyt ti? 'Dan ni isho syrfisho'r siari heddiw 'ma, does?' medda Sam. 'Be?! Wel, yr Arglwydd Mawr!'

'Be sy?' me fi.

'Clem, y dreifar arall. Ma'r diawl dwl wedi brifo'i gefn. Mae o'n OK i ddreifio ond fiw iddo fo godi pwysa a ballu... Wyt ti'm yn ffansïo trip i Sbaen ma' siŵr, nag wyt?'

'Be? Ti'm yn siriys?' medda fi.

'Ma' rhaid i ni ffeindio rhywun i'n helpu fi ar y trip. Gei di weithio dy basej os wyt t'isho. Be ti'n ddeud?'

'Pryd 'dach chi'n mynd?' medda fi.

'Ben bora fory. Ydi dy basport di gin ti?' me Sam.

'Yndi, siŵr Dduw!' me fi. 'O'dd y trên yn dŵad trw' Loegar, toedd?'

'A'r fisa?'

'Ffyc off, y cont!' medda fi. 'Ti'n meddwl bo fi'n stiwpid ne' rwbath? Sdim isho fisa i fynd i Ewrop nag oes!'

'Y fisa gin dy fusus, dyna dwi'n feddwl, ia. Mae o'n fyr-rybudd braidd, yndi?'

'Paid â phoeni am hynny,' medda fi. 'Ymchwil ydi ymchwil, ia. Ma' Siân a fi yn dallt 'yn gilydd yn iawn!'

Peth rhyfadd ydi persbectif, ia. Dibynnu sut 'dach chi'n sbio ar betha ma' siŵr, tydi? O'dd y llyfr yn edrach yn fwy diddorol o'r hannar mwya sydyn. O'dd Anti Mair Sir Fôn yn rong. Ma' posib mynd lot pellach na Bangor efo Cymraeg...

Y SANTA SUSANNA EXPRESS

Dim ond chwech o'r gloch bora o'dd hi pan ddeffrish i, ond o'dd y bys fatha ffwrnas yn barod. Dyma fi'n agor 'yn llgada'n slo bach a gweld rhyw dre wen fowr grand yn y dyffryn odanon ni ac afon yn rhedag trwyddi… Oedd y fiw yn lyfli ma' rhaid i mi ddeud ond toedd yr air-conditioning ddim cweit cystal. O'n i wedi bod yn ddigon anlwcus i ga'l ista o flaen hen begors pedwar igian oed oedd wedi bod yn torri gwynt trw'r nos. Dwi'n gwbod bo ni'n in-continent yn Ffrainc, ia, ond oedd hyn yn blydi ridicilys.

'Bonjour!' medda Sam o sêt y dreifar, gan wenu'n siriol arna fi yn y gwydyr o'i flaen.

'Su' mai, Sam!' medda fi gan rwbio'n llgada. 'Lle uffar ydan ni, d'wad?'

'Dwi'm yn gwbod amdana chdi,' medda Sam, 'ond mi dwi wedi bod yn dilyn yr afon Rhôn ers oria. Croeso i ffau'r llewod, mab. 'Dan ni wedi cyrradd Lyon!'

O'dd Sam wedi bod yn dreifio trw'r nos. Toedd gin y cradur ddim llawer o ddewis achos bod Clem, y co-dreifar, wedi camddarllan y sat-naf ac wedi mynd yn sownd dan bont isal rwla i'r de o Paris. Yn ôl y sŵn crafu uffernol ar y to oedd pawb yn meddwl bod 'na ryw beilot chwil wedi fflio heibio i faes awyr Charles de Gaulle ac wedi landio ar ben y bys, ia.

Un garw ydi Clem. Ydach chi'n cofio'r hen foi 'nnw Wilfrid Brambles ar *Steptoe and Son* ers talwm? Lasa Clem fod yn daid iddo fo, cofiwch. Oedd o'n arfar dreifio i Alice Arnold a Cheerings a Letchers a rheina cyn iddo fo riteirio ond dim ond bac-yp i Sam ydi o rŵan. Bac-yp ydi'r gair hefyd. O'dd pawb ofn iddo fo bacio i fyny unrhyw funud. O'dd gynno fo dipyn o gwilydd bod o wedi mynd yn styc dan bont ac mi gynigiodd o drio'n bagio ni o'na. Ond oedd well gin bawb ddŵad allan yn fyw ac mi grefon ni ar Sam i gymyd ei le fo. 'Symud, Clem bach,' medda Sam. 'Dwi'n gwbod bo chdi'n hen law arni ond fyswn i'n teimlo'n hapusach tasa dy law arall di ar y llyw 'na hefyd, yn hytrach na bo chdi'n crafu dy din wrth fagio!'

Chwara teg i Clem. Ma' dy din di'n dueddol o fod yn Siamese twin i dy sêt di ma' siŵr tydi pan wyt ti'n dreifio am wyth awr solad bob dydd. Ma' nhw wedi addasu Bysus Begw wrth gwrs ac ma' 'na 'gyfleusterau' yn y cefn, ond ma' gin i ofn bod ni'n gorod ca'l toilet stops bob hyn a hyn p'run bynnag, achos na ystyr 'toilet stops' ar Bysus Begw ydi bod y toilet yn stopio gweithio.

'Y Santa Susanna Express' oedd o'n ddeud yn y brochure ond Duw a ŵyr pam. Ma' Einstein yn deud bod teithio cyflym yn nadu chdi fynd yn hen, ond ma' Clem yn dreifio mor slo mae o'n dy heneiddio di jest i watshiad o. O'dd y daith o Dre i Sbaen yn mynd i gymyd dwrnod heb stop yn barod, ond gorod i Sam droi'n ôl a gneud detour rownd Paris wedyn do gan adio dwyawr arall at y siwrna. Siwrna gymrodd 36 awr, sef dwrnod a hannar yn y bys yn y diwadd.

Ac yn y cyfamsar, wrth gwrs, pan oedd pawb wedi ymlâdd yn llwyr, dyna pryd oedd gwaith yr hogyn yn dechra. O'n i wedi arfer syrfio te a choffi ers pan o'n i'n gweithio yn y Royal yn Dre 'cw ers talwm ond o'dd gin i ddwy law chwith adeg hynny hefyd. 'Black or white, madam?' me fi gan ddal dau jwg silver-service crand uwchben y ddynas posh 'ma a'i gŵr oedd yn ista wrth y bwrdd coffi yn y lolfa. 'Thank you very much for asking,' medda'r fodan. 'But I don't believe you've brought the cups!'

O'n i'n gwbod be oedd cwpan erbyn hyn, ia, ond y traffarth oedd ei llenwi hi. Ffordd oedd Sam yn dreifio rownd y corneli yn Provence hynny fedrwn i oedd sefyll i fyny heb sôn am dollti panad.

'Iesu Grist! Be ti'n drio neud – 'yn sbaddu fi?' medda'r boi 'ma gan neidio allan o'i sêt efo llond cwpan blastig o goffi chwilboeth lond ei arffad.

Dyma Sam yn troi rownd a gweld môr o goffi yn llifo lawr yr aisle fatha afon Rhôn tua'r sowth...

'Sori, Sam!' medda fi. 'Gobeithio bo chdi'n licio ground coffi!'

'Pa fath o rôl fysa chi'n licio?' medda fi wedyn wrth yr hen wraig yn y cefn.

'Be 'di'r dewis?' medda hitha.

'Caws a ham, ne' ham a caws,' medda finna.

Toedd dim iws i neb gwyno. Fuesh i wrthi am oria yn gneud y brechdana. Peth anodd ar y diawl ydi torri ham mor dena â Rizla a chwalu'r llwydni odd' ar y caws... a hwnnw'n drewi yn y gwres fatha tasa fo wedi bod yn cynrhoni rhwng bodia traed Clem ers dechra'r daith... 'Lightning' oedden nhw'n 'y ngalw fi yn y Royal ers stalwm am 'mod i'n cymyd oes pys i neud bob dim... Oedd y bara'n ffresh pan ddechreuish i syrfio brecwast yn Ffrainc ond oedd o mor galad â haearn Sbaen erbyn hyn... Mi oedd y pasinjyrs wedi ca'l llond bol ac mi ddaeth 'na foi blin uffernol draw i gwyno...

'Ma' rhein yn hallt!' mo.

'Ready-salted ydyn nhw, ia,' me fi.

'Ddim y crips, y coffis!' mo gan stwffio sachets gwag ym mhocad 'y nghrys i. 'Fedri di'm deud gwahaniath rhwng siwgwr a halan?!'

'Sori Sam!' medda fi. 'Fedra i ddim diodda lot mwy o hyn. Fysa hi ddim yn haws tasa ni'n stopio mewn caffi?'

'Dim ffiars o beryg!' medda Sam. 'Ti'n dallt dim, nag wyt? Ma'r catering 'ma'n goldmine, washi! Pum deg ceiniog ydi'r diodydd a'r rôls i gyd yn bunt…'

'Dim newid?' me fi.

'Ddim hyd yn oed os ydi 'u trowsusa nhw'n 'lyb socian stecs! Ma' gynnon ni captured audience yn fan hyn tan ddiwadd y daith. Pam ddylsa'r fforinyrs 'na neud y proffid i gyd?'

★ ★ ★

Dwn i'm os ydach chi wedi bod yn Santa Susanna. 'Once a pretty little fishing village…' mae o'n ddeud yn y brochure. Mae 'Once' yn air mowr yn Sbaen. 'Dach chi'n ei weld o ar arwyddion yn bob man, ond hysbysebu'r loteri genedlaethol ma' hwnnw, medda Sam, a loteri ydi lle 'dach chi'n aros efo Bysus Begw hefyd. Ella bod y dre yn lle bach clws iawn ers talwm ond concrit jyngl ydi hi heddiw 'ma, coeliwch chi fi. 'Set in a quiet part of the resort' meddan nhw am yr hotel, ond ystyr hynny ydi twll o le wrth ymyl stad ddiwydiannol tua tair milltir o bob man…

O'dd Siân yn deud wrtha i na'r Parador ydi'r lle crandia i aros lle bynnag ydach chi yn Sbaen ond fysa neb call yn dewis aros yn yr Hotel Para d'Or… Deud y gwir yn onast fysa well gin i dreulio wthnos yn y mylti-stori yn Dre 'cw a dyna i chdi be 'di hofal! Ond dyna fo, hofal ne' beidio, be 'di'r ots gin Arab pa stad sy ar oasis ar ôl iddo fo fod yn teithio drw'r anialwch ers dyrnodia? O leia oeddan ni wedi cyrraedd yn fyw! Prin roedd Clem wedi codi'r hand-brêc nad oedd yr hogyn wedi llamu fatha llew allan o ddrws y bys…

'Hei, lle ti'n feddwl ti'n mynd?' medda Sam.

'Am beint, ia,' medda fi. 'Ma' 'ngheg i fatha cesal blydi camal efo chdi!'

'Ara deg, washi,' medda Sam. 'Dwi isho help llaw efo'r cesus 'ma i ddechra!'

Dyna lle'r o'n i'n sefyll wrth ymyl mynydd o gesus tu allan i'r bys yn sbio ar y pasinjyrs yn yfad San Miguel ym mar yr hotel. Tro cynta 'rioed i mi fod y dwutha i gyrradd y bar, medda fi wrth 'yn hun...

'Fysa hi ddim yn haws i bawb gario 'i ges 'i hun?' medda fi wrth Sam.

'Rhan o'r gwasanath erbyn hyn, ma' gin i ofn,' medda Sam. 'Ma'r cwmnïa i gyd yn neud o felly ma' rhaid i ni gystadlu toes?'

'Nesh i 'rioed feddwl byswn i'n cefnogi Ryanair,' medda fi, 'ond dwi'n dechra meddwl na nhw sy'n iawn. Ma' pwrs efo trôns ynddo fo yn ddigon o lygij i neb, yndi!'

'Stopia gwyno nei di?' medda Clem. 'Diolcha bo chdi'n ddigon ifanc i neud o!'

'Sut ti'n teimlo erbyn hyn, Clem?' medda Sam.

'Cwla...' medda Clem.

'Dyna fo,' medda Sam. 'Dos di i'r bar i entyrteinio'r pasinjyrs, ia. Welwn ni chdi wedyn...'

'Cont diog, ia!' medda fi, ama'n gry' na rhoid stretshis ynddi hi o'dd Clem-boi.

'Ella bo chdi'n iawn!' medda Sam. 'Ond 'dan ni'm isho tshansho dim byd, nag oes? Fysa hi'n costio ffortiwn i fflio arch yn ôl i Fali!'

'OK, 'ta,' medda fi, gan ochneidio'n ddyfn cyn cychwyn lygio'r cesus. 'Lle ma'r lifft 'ta?'

'Lifft?' medda Sam. 'Toes 'na'm lifft yn y Para d'Or, siŵr Dduw. Ond paid â phoeni. Toes 'na neb yn aros yn uwch na'r pumad llawr.'

O'dd hi'n iawn i Sam, mae o wedi treulio'i oes yn magu mysls megis Samson wrth rwyfo'i gychod a halio rhwydi ar yr

Abar yn Dre 'cw, ond mysls cywion c'wennod sgin yr hogyn, ia, a dyna lle'r o'n i'n ista yn y bar am ddeg o'r gloch nos mor wan â meicrob, yn rhy llegach i godi potal heb sôn am ei hyfad hi a 'mreichia bach i'n hongian fatha breichia Goron Utang, wedi'u streshio allan o'u sockets reit at y llawr wrth 'yn ochor i.

'Tydi hyn yn ddim byd!' medda Sam. 'Gwitia di tan 'dan ni'n mynd i Montserrat fory…'

'Montserrat?' me fi.

'Hen abaty mawr canoloesol,' medda Sam. 'Wedi fildio ar ochor creigia yn y Sierra Be Ti'n Galw 'cw. Sa ti'n gweld grisia sy'n fanno, was bach… Cannoedd ar gannoedd ohonyn nhw!'

'O leia fydd 'na ddim cesus!' me fi.

'Mi fydd 'na lot o hen bobol sy methu gneud hi, cofia,' medda Sam. 'Beryg bydd rhaid i ni 'u cario nhw!'

Fuo Taid Nefyn ar y môr am flynyddoedd yn stôcio boilars y stemars oedd yn hwylio o Lerpwl, Barri, Caerdydd a bob man, ar eu ffordd i bum cyfandir. O'n i'n meddwl bod hyn yn beth rhamantaidd iawn ers talwm ond wedyn mi welish i be sgwennodd rhywun yn ei lyfr llofnodion o: 'I joined the navy to see the world, and what did I see? I saw the sea…' Dyna lle'r o'n i yn ista ar ben 'yn hun ar y traeth yn Costa del Stalwm yn syllu allan i'r môr a meddwl… Dim ots lle ma' rhywun yn mynd dyddia yma, dyna lle rydw i yn cario baich y genedl ar 'y nghefn…

BOI SBECS O BELGIUM
[JE NE SAIS QUOI]

Oedd Bysus Begw wedi cyrradd rwla o fewn cyrraedd i Bruges a mewn â fi i'r hotel efo'r cesus… 'Bonjour!' medda fi yn siriol wrth y resepshynist ond nath y cew ddim hyd yn oed sbio arna fi.

'Be sy haru'r surbwch yma?' medda fi wrth Sam, oedd yn dilyn wrth 'yn sodla fi.

'Sori, nesh i'm deud wrtha chdi,' medda Sam. 'Ma'r Beljis yn casáu siarad Ffrangeg, 'sti.'

'Am be?' me fi.

'Stori hir,' medda Sam. 'Iaith pobol drws nesa ydi hi gyn bellad â ma' nhw yn y cwestiwn. Fflemeg ydi'r iaith ffor' hyn.'

'Spreckt u Engels?' medda'r resepshynist wrtha fi.

'No,' medda fi. 'But my wife speaks Marx!'

'Pam dylwn i siarad Susnag, ia?' medda fi wrth Sam. 'Dwi wedi dŵad i'r cyfandir i drio osgoi gneud hynny.'

'Dyna fo 'ta,' medda Sam. 'Fydd rhaid i chdi ddysgu dipyn o Fflemeg 'ta, bydd. Paid â galw'r dre 'ma'n "Bruges" be bynnag nei di. Galw hi'n "Brugge" os wyt t'isho rhywfaint o barch.'

Chwara teg i'r Beljis, ia, medda fi wrth 'yn hun, ma' hi'n hen bryd iddyn nhw neud safiad. Mi stopiodd y Saeson neud hwyl am ben y Gwyddelod pan aeth petha tu hwnt i jôc yn Ulster ac wedyn mi ddechreuodd y 'cradle of democracy' a'r 'bastion of justice and fair play' bigo ar Belgium dlawd.

Enwa bump Belgian enwog, meddan nhw, gan fynnu bod Beljis adnabyddus mor brin â Gwyddal efo brêns. Enwa bump Sais call, dyna fyswn i'n ddeud 'yn hun, ia. Dim ond jelys ydyn nhw bod y Beljis yn gneud lagyr lot gwell na nhw a bod 'na rywun 'blaw lowts yn ei yfad o.

Taswn i ddim mor dwp mi fyswn i wedi sylweddoli'n gynt bod Belg yn wlad ddwyieithog. Mi oedd 'na ryw gwmni o'r enw Philatelic Services wedi dechra hysbysebu mewn comics fatha'r *Tiger* a'r *Eagle* a ballu ers talwm ac mi a'th 'na ryw

 chwiw drw'r ysgol ynglŷn â hel stamps. Trwbwl ydi mi oedd y diawlad yn gyrru toman o'r un peth i chi a dyna lle'r oeddan ni ar iard yr ysgol bob amsar chwara yn trio yfad 'yn llefrith-am-ddim a ffeirio stamps yr un pryd. Oeddan ni'n manijo ca'l gwarad o'n swaps i gyd yn diwadd ar wahân i un...

'Boi Sbecs o Belgium' oedd yr hogia'n ei alw fo ac oedd o wedi mynd yn gas 'i wynab yn Dre 'cw. Three francs pinc o Belgie/Belgique.

Athrawon cachu oedd yn Higher Grade 'cw. Tasa gynnyn nhw owns o ddychymyg fysan nhw wedi gneud iws o'r chwiw stampia 'na, bysan? Toedd llunia Hitler a Franco a Mao Tse Tyngu yn mynd drw' ddylo'r hogia bob dydd a neb yn gwbod pwy uffar oeddan nhw. Cwbwl o'dd Hisht Hist yn neud oedd gweiddi 'hisht' bob tro oeddach chi'n gofyn cwestiwn am hanas a'r trwbwl efo'r Boi Geog oedd bod o'n Foi Jog hefyd. Toedd ei ddaearyddiaeth o ddim lletach na'r cae ffwtbol a'i unig ddiléit o oedd dewis y First XI ar gyfar dydd Sadwrn.

Dwi'm yn gwbod lle dysgodd Sam Cei ei hanas – ddim yn 'rysgol, ma' hynny'n saff i chdi – ond dyna lle'r oedd o'n patro patois dwyieithog efo'r hogia yn y gwesty ynglŷn ag eitinerari Bysus Begw. Ymweld â ffatri jocled i ddechra, gwatsiad dynion yn chwthu gwydyr fatha balŵns am 'chydig ac wedyn mynd am daith cwch ar y canal... Dim ots lle wyt ti, yr un hen betha boring ma' pobol isho neud yn bob man, ia.

'Paid â chwyno!' medda Sam. 'Fel'ma 'da ni'n gneud 'yn mags. Bwcings torfol, gneud dîl efo'n operatifs a rhoid ryw ewro ne' ddwy ar ei ben o...'

Dyna lle'r oeddan ni'n sglaffio moules a sglods a mayonnaise – ffish an' tships pobol Belg, ia, tra o'dd Sam yn deud hanas y lle wrtha fi. Ma'n debyg na porthladd oedd Brugge ers talwm, un o drefi masnach pwysica'r wlad tan i'r tir ddechra ennill ar y môr ac ynysu'r hen dre, ia.

'Atgoffa rhywun o'r Dre 'cw deud gwir, yndi,' medda fi. 'Fel bydda hi yn Cei Llechi a ballu ers talwm.'

'Dwn i'm am hynny,' medda Sam. 'Ma' 'na well class o dwrist yn dŵad i fan hyn.'

Bora trannoeth dyma Sam yn hel pawb at ei gilydd ar Sgwâr Pieter de Coninck i drafod y 'Battlefields Bulletin'. Hwn oedd highlight y daith i'r rhan fwya o bobol medda fo; mynd i weld y ffosydd a'r mynwentydd a'r cofgolofna a chlwad am hanas y rhyfal yn Fflandyrs Field. Tydan ni'n rhei morbid fel cenedl, d'wch? 'Get a life, ia' fel bysa Gwenlli 'cw'n ddeud. Ma' hel cnebrynga yn hobi ymysg cenhedlaeth yr Hen Fod yn Dre 'cw hefyd ond, dyna fo, fysa fo'n addysg ma' siŵr...

''Chydig iawn wn i am Hitlar, deud gwir 'sti,' medda fi wrth Sam.

'Rhyfal Byd Cynta ydi hyn, y twat!' medda Sam.

'Jôc ia, Sam!' me fi.

'Pw' ti'n meddwl wyt ti – Mimw Besda?' medda Sam. 'Ti'n

ddigon o ffŵl yn barod – sdim rhaid i chdi actio'n ddwl!'

'Comedian rhwystredig ydw i, ia,' medda fi. 'Dwi'n arfar ca'l jobsus gwell na hyn!'

Ond chwara teg i Sam, nyrfys oedd o. O'dd bosus Bysus Begw yn arfar bwcio guides ymlaen llaw i ddeud hanesion llefydd wrth y twrstiaid ond bob hyn-a-hyn mi fydda'r hogia yn gweithio rhyw sgam bach i chwyddo rhywfaint ar eu cyfloga cachu. Job Sam oedd canslo'r guide swyddogol a job Clem o'dd deud yr hanas yn ei le fo... O'dd hyn wedi gweithio'n iawn ers cyn co', toedd neb ddim callach ac mi oedd o'n bres lysh i'r hogia, doedd. Ond, yn anffodus, oedd Clem yn dal yn y bar pan godon ni bora. O'dd o wedi bod yn potio trw'r nos nes oedd haul y bora'n gwenu'n braf ar ei breitenbier o...

'Pam ti'n gadal iddo fo neud hyn, Sam?' medda fi. 'Tydi'r alcohol 'ma ddim yn gneud tamad o les iddo fo.'

'Dyna'r unig beth sy'n 'i gadw fo'n fyw,' medda Sam. 'Mae'r nionyn wedi 'i biclo tydi, sbia ar y rhincla ar ei wynab o... Ond fedra i'm gneud job dau ddyn, ma' hynna'n saff i ti. Toes na'm byd amdani, fydd rhaid i ti ddeud yr hanas yn ei le fo...'

O'n i'n gwbod hanas Hedd Wyn ar 'y ngho' wrth gwrs – yn enwedig ar ôl i Sam sgwennu nodiada i mi ar gefn 'yn llaw, ia. Stori stêl ar y diawl ydi hi erbyn hyn hefyd. Ma' hi'n haeddu dipyn bach o hedd erbyn hyn, tasat ti'n gofyn i mi, ond, dyna fo, yr un hen stori ydi hi yng Nghymru o hyd, ia. Ma' pawb wedi mopio ar ddeud yr un hen straeon drw'r amsar. O'n i'n gwbod na Weipyrs ydi'r gair Cymraeg am Ypres a'r bwriad oedd cyrradd y Menyn Gate cyn i'r Last Post gael ei chwthu... Dyma Sam yn stopio'r bys tu allan i un o feysydd y gad yn Vimy Rich a dyma ni'n martsho'r twrstiaid i mewn i ryw amgueddfa din oedd yn cael ei rhedag gin foi oedd hyd yn oed yn fwy chwil na Clem a thalu am y ticedi i bawb. O'n i'n medru gweld yn syth bod gin Vimy ryw ddiddordeb afiach mewn paraffernelia Natsïaidd a'i fod o wrth ei fodd yn cribinio tiroedd ffarm y teulu am olion dynol a bob math o geriach o'r rhyfal ga'th ei adal yn y ffosydd. Ond, dyna fo, pwy o'n i i gwyno, ia, os o'dd o'n gwerthu poteli lysh wrth y cowntar talu… Dipyn o 'Dutch Courage' cyn dechra darlithio, ia, medda fi wrth 'yn hun.

'Ik willen heblen ein breitenbier!' me fi.

'Een?' mo.

'No, twee!' me fi, ordro dwy, ia.

'Dank u, zeer,' mo. 'Why you learn Flemish? I speak English.'

'Je ne Sais pas!' me fi. 'Ich bin ein Walisher.'

'Aha!' mo a'i llgada fo'n popio allan o'i ben o. 'Henry Morton Stanley!' mo.

'Goronwy Jones, actually,' me fi, ond o'dd y boi wedi rhuthro i'r cefn i nôl rwbath… Pan ddoth o'n 'i ôl dyma fo'n dangos dwy gath i mi o'r enw Rwanda ac Wrwndi ac uffar o ast Alsatian fawr o'dd o'n ei galw'n 'Congo Belle Chic'. 'Congo Belgique, actually!' medda'r boi a gwenu drw' lond ceg o ddannadd drwg uffernol nes o'dd ei wynt o'n 'yn hitio fi fatha bom mwg mwstard drewllyd oedd yn dŵad o drenshis ei gylla fo. Ac wedyn dyma fo'n ysgwyd 'yn llaw i fatha dyn o'i go' a 'nghofleidio fi fatha hen ffrind o'dd o heb ei weld ers 1918.

'Henry Morton Stanley from Dyffryn Clwyd North Wales isht mein hero!' mo. 'Wales Forever and Ever!'

'Amen!' me fi gan drio rhyddhau 'yn hun o'i grafanga fo cyn i'r mwg mwstard 'yn lladd i.

Gwlad fach ydi Belg a wyddwn i 'rioed bod gynni hi drefedigaetha o gwbwl heb sôn am horwth o goloni seis gorllewin Ewrop reit yng nghanol Affrica. Hen fasdad pur oedd y Brenin Leopold II, sef fersiwn Gwlad Belg o Queen Victoria. Fo ddaru sefydlu'r ymerodraeth Felgaidd fuo'n cam-drin y bobol dduon yn ddiawledig am flynyddoedd a'u trin nhw fel caethweision personol. Ond fysa dim o hyn wedi bod yn bosib o gwbwl medda Vimy oni bai am waith calad H M Stanley. Cyn iddo fo fentro i fforestydd y Dark Continent i ddeud 'Dr Livingstone, I presume...' mi roedd yr hen ecsplorar annwyl wedi bod wrthi fel lladd nadroedd yn ffeindio tiroedd i'r hen Leopold eu hecsploetio...

Neis gweld solidariti rhwng y gwledydd bach, yndi, medda fi wrth 'yn hun. Ond wedyn be ti'n ddisgwl gin Gymro nath fabwysiadu enw Sais? Enw iawn H M Stanley oedd John Rowlands. Ond wrth gwrs, fel pob anghydffurfiwr da, mi gafodd o bwl o gydwybod cyn diwadd ei oes. Mi sgwennodd o'r llyfr 'ma gan gyfadda 'i feia 'i gyd gerbron y genedl dan y teitl *Ieuenctid yw Mhechod*.

Ond wedyn dyma Sam yn dŵad draw a'i wynt yn ei ddwrn...

'Tyrd 'laen, Gron bach! Ma' 'na lond bys o bobol yn fan'cw yn disgwl i ga'l eu tywys rownd yr amgueddfa!'

'Be ti'n feddwl ydw i, tywysog?' me fi. 'Ma' rhaid i mi orffan gneud yr ymchwil cyn i mi ddechra darlithio!'

Dyma fi'n tynnu stamp Belgie/Belgique o 'mhocad a gofyn i Vimy:

'Ti'm yn digwydd gwbod pwy oedd y Boi Sbecs o Belgium, wyt?'

YR HAPPY WANDERER

Pan o'n i'n hogyn bach o'n i'n arfar breuddwydio am ga'l dreifio rownd y byd mewn jeep ac mi fuesh i'n ddigon gwirion i sgwennu hynny mewn traethawd yn 'rysgol… Oedd yr athro Geog wedi synnu braidd 'mod i'n deud ffasiwn beth dwi'n meddwl. Toedd y gair 'wanderlust' ddim yng ngeiriadur neb yn Sgubor Goch ers talwm a toedd y gair 'dychymyg' yn sicir ddim yn nictionary'r athrawon.

'Hogyn ffarm ydach chi?' medda fo wrtha fi ar ôl marcio'r traethawd.

'Naci, syr,' me fi.

'Sgin 'ych tad chi'm 4x4 na dim byd felly, nag oes?' medda fo nesa. 'Pa mor bell ydach chi wedi bod hyd yn hyn?'

'Nefyn,' medda fi.

'Nefyn Pen Llŷn?' medda fo.

'Ia, syr,' medda fi. 'Fanno ma' Nain Nefyn yn byw.'

'Wel, Goronwy,' medda fo. 'Bob lwc i chi ar 'ych taith. Dwi'n siŵr dowch chi i ben â hi ryw ddwrnod ond yn y cyfamser fyswn i'n licio tasach chi 'di gneud dipyn bach mwy o ymdrech i ateb y cwestiwn ofynnish i i chi: "What is the importance of agrarian crops to the economy of the American Mid-West?"'

Ond dyma lle'r o'n i rŵan yn reidio lawr yr otto-bahn yng nghanol yr Almaen yn rwla efo dim byd ond caea ŷd oedd yn lledu hyd y gwelach chi tuag at y gorwel. Unwaith 'dach chi ar y cyfandir mae o'n fyd gwahanol tydi, ac ma' hi'n bosib mynd i bob man yn Ewrop heb stopio. O'dd y pasinjyrs i gyd yn pendwmpian a Sam ar otto-matig peilot wrth y llyw tra ro'n inna'n ca'l pum munud o lonydd i dicio toman o wledydd o'ddar 'yn rhestr ar gyfar y llyfr.

'Grand Central European Spectacular' oedd o'n ddeud yn brochure Bysus Begw: Berlin, Warsaw, Bratislava, Prague, Budapest, Vienna... O'n i wedi bod ar dripia tebyg efo Siân ond buan iawn y sylweddolish i bod gin Bysus Begw eu ffordd eu hunain o neud petha... Toedd y tour ddim yn 'grand' iawn i ddechra ac ystyr y 'get to your destination quicker' oedd dreifio trw'r nos a chysgu ar y bys. O'dd yr 'extra-legroom' yn swnio'n OK tan i chi sylweddoli be o'dd o'n feddwl, sef pwshad dy benglinia i gefn y boi o dy flaen di oedd yn gneud yr un peth i'r boi o'i flaen ynta nes oedd yr holl fys yn griddfan fatha consart-tina. Ac wedyn, ar ôl cyrradd pen y daith mi fyddat ti'n cyrradd hotel oedd hannar can milltir o nunlla, yn union fatha meysydd awyr Ryanair... Wyt ti wedi clwad am 'Holidays from Hell', do? 'Holiday o Hell-mand Province Affganistan' oedd hwn. Dim seren, dim cysur a gwely efo springs yn optional extra.

Ond, dyna fo, ma' 'na ryw dda ym mhob drwg does, fel bydda i wastad yn deud. Os nag wyt ti'n disgwl dim byd, chei di mo dy siomi. O'dd Sam a finna'n cael mwy o gwmni'n gilydd na chafon ni ers amsar maith a dyna lle'r oeddan ni'n ista ym mhen blaen y bys ac yn ca'l hwyl am ben y geiria gwirion oedd o'n cwmpas ni yn bob man. Ma'r Jyrmans wedi banio smocio mewn llefydd cyhoeddus ers hydoedd ac mi oedd 'na arwyddion yn deud 'Nein Rechan' yn bob man ac mi o'dd 'na lori fawr o'n blaena ni efo negas ar 'i chefn hi: 'Wir Wünschen Ihren Eine Guten Fahrt!'

'Sut mae nhw'n gwbod bo chdi'n dreifio fatha rhech?' medda fi wrth Sam.

'Be ti'n fwydro, cont?' medda Sam. 'Deud bod 'na rechan 'lyb yn ista wrth 'yn ochor i ma' hwnna!'

'Ti'n dallt Jyrman, wyt?' me fi.

'Ma' gin i working knowledge,' medda fo. 'Wollen sie mit mir drinken in der nahe den mein hotels?'

'Be ma' hynna'n feddwl?' me fi a 'ngheg yn gorad.

'Lein handi iawn pan ti'n trio pigo fodins i fyny,' medda Sam. 'Ma' pawb yn dallt Jyrman yng ngogledd Ewrop 'ma 'sti.'

'Be – "we have ways of making you talk", ia?' me fi.

'Na, go iawn rŵan,' mo. 'Gwlad Pwyl, Tshecoslofacia, Sgandinafia, bob man.'

'Be, ti'n ca'l dipyn o lwc efo'r fodins felly, wyt?' me fi.

'Bigon ni ddwy fodan i fyny yn Stockholm ryw dro,' medda Sam, 'ac aethon ni â nhw yn ôl i'r hotel...'

'O ia? Be gest ti?' me fi.

'Uffar o sioc yn bora,' medda Sam. 'Oedd y ffycars wedi sbydu yr holl lŷsh oedd yn y mini-bar ac wedi gleuo hi o'na. Ti'n gwbod pa mor ddrud ydi lŷsh yn Sweden...?'

'Yndw,' me fi. 'Os 'dio rwbath tebyg i Norwy. Gest ti uffar o dolc ma' siŵr, do?'

'Naddo, siŵr Dduw,' medda Sam. 'Dos a gwna ditha yr un modd, chwadal Hughes Gweinidog stalwm. Gorod i ninna neud rynar wedyn hefyd, do. Gleuo o'r hotel cyn iddi 'leuo!'

Hitler ddaru fildio'r otto-bahns medda Sam. Lonydd syth, lonydd da, jest i neud siŵr bod y Panzer Divisions yn cyrradd cyn i neb ga'l tshans i syrendro. Pum munud o lonydd sgynnon ni yng Nghymru, ia: fedri di'm dreifio'n hirach na hynny hyd yn oed ar draffordd cyn i chdi gyrradd congol fatha Brands Hatch. Ond ma' otto-bahns Hitler yn para am byth bythoedd amen. Fysa Sam wedi medru rhoid y bys ar otto-matig peilot tasa fo isho, gadal i'r sat-nafi neud y gwaith i gyd a mynd i gysgu yn y cefn. Ond dewis gweithio shifft nath o jest rhag ofn, nes bod hi'n amsar deffro Clem...

Ma' 'na rai pobol yn deud na toedd Churchill ddim tamad gwell na Hitler a'i fod ynta wedi gneud petha diawledig yn ystod y rhyfal hefyd. Petha fatha bomio Dresden yn ddidrugaredd a dibwrpas gan ladd miloedd ar filoedd o bobol diniwad. Ond 'yn braint ni heddiw o'dd cael mynd i weld y ddinas yn ei holl ogoniant newydd, y 'mawredd ar ôl y mieri' chwadal Glyn o'r Git. [Ieuan Brydydd Hir ddywedodd 'mieri lle bu mawredd' Gol.] [*Ia, OK, ond be wyddost ti pa mor hir o'dd 'i brydydd o? Gron*] O'dd Sam a Clem wedi gweld y ddinas ddwsina o weithia felly mi oeddan nhw wedi heirio geid i fynd â'r pasinjyrs o gwmpas a gadal i mi gymyd drosodd am y p'nawn.

'Joiwch 'ych hunain, hogia,' me fi. ''Dach chi'n haeddu rest...'

'Dy blesar di fydd o,' medda Sam. 'Gwitia tan i chdi weld Rosalita Gozz y geid. Beth bynnag ddeudi di am y Jyrmans, ma' nhw'n bildio chassis solad iawn!'

'Dach chi'n nabod fi, dwi mor monogamous â Neil Kinnock [ac yr un mor monotonous hefyd, medda Siân] ond o'n i'n sbio 'mlaen i weld Rosalita ma'n rhaid i mi ddeud, os oedd ladies' man fatha Sam Cei yn ei ffansïo hi...

'The best-dressed girl in Dresden!' medda Clem, oedd wedi cael ei ysbrydoli ddigon i drio cynganeddu...

Pan ddoish i'n ôl o Dresden ddiwadd y p'nawn dyna lle'r oedd Sam a Clem yn piffian chwerthin dan eu gwynt efo potal o Pils yn eu llaw.

'Welist ti Rosalita Gozz 'ta?' medda Sam efo crechwen ar ei wynab...

'Do, grêt!' medda fi. 'O'dd hi'r un ffunud â... Be o'dd enw'r canwr 'na yn Abba?'

'Pwy?' medda Sam yn smal. 'Frida? Agnetha?'

'Naci, y Beni 'nnw,' medda fi. 'Fyswn i'm yn deud bod gin hi fwstash ond toedd hi'n bendant ddim wedi shefio bora 'ma! Dyna lle'r oedd hi yn pwyri fatha Arab dau ddaint drw' gydol ei darlith. O'dd gin i biti drosd y Gozzan deud gwir, ond o'dd isho intyrprytyr i dallt hi! Y ffycars drwg i chi! Y basdads tywyllodrus!'

Bora trannoeth ar 'yn ffor' i'r bys o'r 'We Have Ways of Making You Talk' Hotel dyma fi'n derbyn negas ffôn. Does gin i ddim mobeil ond dyna lle'r oedd o'n canu. Pwy oedd yno ond neb llai na'r Desperate Dan, Comishynydd S4/C, yn holi sut oedd y comic *Alias, Myth a Jones* yn dŵad yn ei flaen.

'Sori,' medda fi. 'Fedra i ddim siarad efo chi rŵan. Dwi ar ganol taith arall. Tydi o ddim yn beth arferol cymysgu dwy gyfrol.'

'Beth? Cyfrol 'bytu Ewrop?' medda'r boi'n llawn cyffro. 'I like it! Wy i moyn first refusal ar y rights straightaway.'

'Tydw i ddim wedi sgwennu hi eto!' me fi.

'Sdim ots 'bytu 'nny,' mo. 'Allwn ni ddodi hi miwn am yr Enver Hoaxer "Golden Rose of Tirana Award for Microscopic Near-extinct Minorities". Ti sy â hi, I can see it now...'

'Pwy o'dd hwnna?' medda Sam, gan danio'r injan.

'Neb o bwys,' me fi. 'Gwranda. Dwi wedi bod yn meddwl am y daith 'ma a'r teithia erill hefyd o ran hynny. Sut bysat ti'n licio taswn i'n cynnig rom bach o adloniant i'r pasinjyrs wrth i ni fynd?'

'O'n i'n gwbod bod gin ti rwbath i fyny dy lawas!' mo.

'Be?' medda fi, codi'n sgwydda.

'Twyt ti ddim yn mynd i ddechra deud jôcs gobeithio! Dwi isho i'r bobol 'ma ddŵad efo ni eto!'

'Doniol iawn, Sam,' me fi.

'Na, sori!' mo. 'Os wyt ti'n gweithio i fi dwi'm yn fodlon i chdi mŵnleitio i neb arall. Os wyt t'isho rwbath i neud mi fyddwn ni'n mynd allan o'r Ewro-sôn cyn bo hir a fyddwn ni'm yn ôl tan i ni gyrraedd Awstria. Gei di weithio rhein allan i mi yli…'

Dyma Sam yn tynnu redi-recnyr o'i bocad a'n rhoid i ar ben ffor'…

£1 = 1.30 ewro
= 300 forint Hwngaraidd
= 35 koruna Tsiec
= 100,000,200 zlotys Pwyleg

'Be ti'n feddwl ydw i? "Euros" Bowen?' medda fi.

'Bardd cyfoethog iawn!' medda Sam.

'Ia, ond dim bardd ydw i, naci?'

'Lasat neud yn waeth na thrio bod yn un,' medda Sam. 'Lleia i gyd sgwenni di, mwya i gyd o barch gei di! Tyd 'laen! Mental Arith. Sawl zloty gei di am koruna?'

'Paid â'n redi-wrecknio fi, nei di?' me fi. 'Ma'r lysh wedi llyncu'n braincells i, cofia!'

'Dwi'n siriys,' medda Sam. 'A phaid ag anghofio cymyd 5% o gomisiwn ar bob transaction, reit?'

'Be sy wedi digwydd i chdi?' medda fi. 'Ti wedi mynd rêl Rachman bach, do?'

'Pawb isho byw!' medda Sam. 'Ma' gin i fusnas i redag fan hyn! Fysa bancars yn nabio lot mwy am eu traffath.'

'OK! 'Na i o wedyn,' medda fi. 'Ond plîs sbaria fi, nei di? Fedra i jest ddim cymyd chwanag o'r tâp Abba 'na!'

'Be sarna chdi, d'wad?' medda Sam. 'Ma'r bobol 'ma wrth eu bodd efo fo!'

'Ia, ond ma' newid yn tshenj, tydi?' me fi. 'Sgin ti rwbath arall?'

'Ia, OK, 'ta. Os ti'n mynnu,' medda Sam. 'Ma' 'na Matt Monro a ballu yn fanna os t'isho…'

'Yr un peth ydi ci a'i gynffon!' medda fi. 'Dyma ni, yng nghanol yr Almaen. Ydi o ddim wedi croesi dy feddwl di ella dylsan ni chwara rhwbath Almaeneg?'

'O! "Almaeneg" rŵan, ia,' medda Sam yn sbeitlyd. 'Oes 'na beryg bo chdi wedi mynd yn snob, d'wad? Ma' Engelbert Humperdinck yn Almaeneg tydi, os dwi'n cofio'n iawn!'

'Oes 'na beryg bo chdi wedi colli dy wreiddia, 'ta?' medda fi wrtho fo. 'Oeddach chdi'n arfar bod yn aelod o Adfer ers talwm. Be ddigwyddodd i'r cydymdeimlad rhwng tir ac iaith roedd y boi Jero Jones 'nnw'n arfar ei bregethu? Fysa gin i gywilydd dŵad i wledydd pobol erill ac anwybyddu 'u diwylliant nhw! Pam na brynwn ni dipyn o dapia yn y dre a'u chwara nhw'n y bys wrth i ni fynd?'

Ma' dipyn bach o brofiad yn mynd yn bell, yndi? Ar ôl yr holl bractis o'n i wedi gael fel comedian o'n i'n teimlo reit gyffyrddus tu nôl i'r meic erbyn hyn. Dyna lle'r o'n i yn fy elfan yn rhoid dipyn o gefndir yr ardal i'r pasinjyrs wrth i ni deithio heibio Bonn. Dyma fi'n chwara dipyn o'r Pastaral Symffoni iddyn nhw gan egluro na fama ganwyd yr hen Beethoven. Cadw selerydd gwin bydda'i dad o ac mi yfodd yr hen gont y proffid i gyd. Ond mi o'dd Beethoven yn gweithio ar ei ffliwt ei hun ac mi a'th o 'mlaen i sgwennu 'best cellars' i gadw'r hen wraig ei fam o'r wyrcws…

To'n i ddim wedi treulio oria mewn tai opera efo Siân i ddim byd. Mi esh i ati wedyn i baratoi rhestr ar gyfer gweddill y daith:

Gwlad Pwyl – Chopin
Awstria – Strauss [yr hyna i Clem, y fenga i Sam]
Hwngari – Brahms, 'Hungarian Dances' [especially after
   three bottles of Bull's Blood]
Czech – Dvorák
Slovakia – Bratislava Bŏøt Böys Brass Ensemble...

'Yr Almaen – "Happy Wanderer"!' medda Sam fel shot.
'♪ I love to go a-wandering, along the mountain track ♪...
Fydd y rhan fwya o'r bobol 'ma wrth eu bodd efo honna.
Atgoffa nhw o daith Bysus Begw i Langollen efo Clem yn
1955! A dipyn bach o Elgar i'r Saeson 'cw os gnei di. Ravi
Shankar yn chwara "Enigma Very Asian"!'

Chwara teg i Sam, mi a'th o i ysbryd y darn yn y diwadd
ac mi gesh inna chwara tapia galore o Bach am weddill y
daith drw'r Almaen.

'Diolch yn fawr i ti, Gron,' medda Sam, sy'n licio miwsig
da yn iawn pan mae o'n rhoid tshans i'w glustia.

'Diolch am y cyfla, Sam,' me fi. 'Does 'na'm pwynt bod
yn Philistiaid, nag oes?'

'Oni bai bo chdi'n dŵad o Philistia, ia,' medda Sam.
'Fysa rhaid i chdi chwara 'Samson and Delilah' gin Saint-
Saëns wedyn.'

'Fi o'dd yn iawn yn diwadd, ia,' me fi. 'Toes 'na neb o'r
pasinjyrs wedi cwyno nag oes?'

'Ma' nhw i gyd wedi syrthio i gysgu, dyna pam,' medda
Sam.

'Be? Paid â mwydro,' medda fi, troi'r miwsig i lawr a
chlwad llond bys o bobol yn chwrnu fatha tiwbas...

'Ma' nhw i gyd wedi bod yn cyfri defaid,' medda Sam.
'Ond wedyn be ti'n ddisgwl. Dwn i'm os ti 'di sylwi ond
ma'r tâp 'na wedi bod yn styc ar 'Sheep may safely graze' ers
o leia awr! Fyddwn ni'n hitio lôn ddiflasa'r ddaear cyn bo

hir rŵan efo dim byd ond coed pîn undonog o'n cwmpas ni am oria diderfyn. Dwi'n awgrymu bod chditha'n mynd i gysgu rŵan hefyd. Mi fyddi di'n lygio cesus yn Warsaw tua pedwar o'r gloch bora!'

''Dan ni'n dipyn o chums trw'r cwbwl i gyd, tydan Sam?' me fi.

'Chwith ar d'ôl di, boi,' medda Sam. 'Ers pryd wyt ti'n byw yn Gaerdydd 'na rŵan?'

'1975. Pam?' me fi.

'Ma' wanderlust yn iawn yn ei le,' medda Sam. 'Ond ma' hi'n bosib mynd yn rhy bell weithia...'

18

EHANGU D'ORWELION

O'dd yr hogyn yn dechra ca'l blas ar weithio ar Bysus Begw.
Ar ôl byw yng Nghaerdydd ers blynyddoedd o'dd hi'n dipyn o
tshenj i mi doedd? Cymdeithas glòs gytûn ar olwynion, fel'na
o'n i'n 'i gweld hi. Wthnos fan yma, penwthnos fan draw
neu ddim ond diwrnod yn rasus Caer ne' Erddi Bodnant ne'
rwbath yng nghwmni pobol C'narfon. O'dd polisi dwyieithog
y cwmni yn gweithio reit ddel. Dibynnu faint o Saeson oedd
ar y bys wrth gwrs ond Cymraeg o'dd hi ran amla. O'dd y
rhan fwya o bobol yn derbyn hynny'n iawn ac yn falch o
ga'l clwad iaith arall yn ca'l ei siarad ond, wrth gwrs, ma' 'na
wastad un con dwl i ga'l, does...

Ar y ffor' i Steddfod Llangollen oeddan ni (ar yr A55 wrth
gwrs achos fysa'r bys byth yn manijo pas Llanberis) a finna
wrthi'n breuddwydio am lys Llywelyn Fawr a Siwan lawr yn
Abargwyngregyn yn fan'cw pan ddechreuodd ryw larwm o
Sais fwydro pawb... Teip o foi sy wedi riteirio ers hydoedd
ond sy heb stopio siarad ers pan ga'th o'i eni. Cwynwr
proffesiynol, math o foi sy'n dechra pesychu'n anniddig os
ydi o'n clywad mwy na dwy eiliad o Gymraeg ac sy'n gneud
ati i dynnu pobol yn ei ben.

'What is this double-f nonsense?' medda fo wrth Sam.
'Ff-ffôn, ff-ffacs, Ff-Fflint... The Welsh language is guttural
enough already – there's no need to rub it in!'

'Ff-ffyc off, y cont!' me fi dan 'y ngwynt.

'Paid â meiddio ypsetio'r cwsmeriaid!' medda Sam yn
chwyrn yn 'y nghlust i. 'Double-f is a letter in the Welsh
alphabet you see, Mr Horrocks.'

'Sorry?' medda'r boi.

'There's no need to be sorry,' medda Sam. 'You didn't know, that's all. There are twenty-eight letters in Welsh.'

'But no "z" obviously!' medda'r boi.

'Who cares?' medda Sam. 'We see the same spots on a sebra when we go to Chester Sŵ!'

Dyma pob Cymro ar y bys yn chwerthin ond cwbwl nath y Sais oedd snichio yn sbeitlyd a mynnu ca'l y gair dwutha bob tro, ti'n gwbod fel ma' nhw. Bloeddio'n ddigon uchal i bawb yn y bys glwad ei ragfarna diflas o i gyd.

'Fedra i ddim clywad y brêcs yn gwichian fel hyn, Gron,' medda Sam yn 'y nghlust i. 'Dos â hwn o 'ngolwg i nei di?'

'O'Ngologhy, is that your name?' medda'r Sais wrtha fi.

'My name is Gron,' me fi.

'Gron O'Ngologhy, eh? Sounds more Irish than Welsh!'

'Yes, well, a little knowledge is a dangerous thing you know,' medda fi. 'And no knowledge at all is even worse.'

'Don't you dare over-emphasize the "clan" in Clangothlen, young man,' medda'r Sais. 'This is an international festival you know!'

'What part of the world are you and your good wife from?' medda fi wrtho fo. 'Are you strangers around here?'

'Strangers?' medda'r boi. 'We've lived in Abba Dovey for over ten years!'

'Middle-East is it?' me fi, smalio bod gwich y brêcs yn 'y nghlustia fi.

'Middle-East? Mid-West more like!' mo. 'Abba Dovey, Merionethshire!'

'Oh, Aberdyfi!' me fi. 'I'm sorry, I thought you said Abu Dhabi!'

'For the sake of our English friends' fel byddan nhw'n ddeud yn capal ers talwm... Be nesh i, fel merthyr dros yr achos, oedd cymryd y Sais drosodd er mwyn i Sam ga'l siarad efo pawb arall dros y meic. Gadal i'r larwm glwad ei lais ei hun yn deud hanas ei fywyd... Does na'm byd gwaeth na llyfra taith pobol erill nag oes? Blydi adeilada a statiws, our favourite hotel in New Delhi a ballu, on HMS around the globe, how we taught the world English. Ar adega fel hyn fydda i'n dallt be a'th boi fatha Ff-Ffred Ff-Ffransis drwyddo fo ar hyd ei oes. Aberthu dros yr iaith, ia.

'Have you ever thought about learning Welsh, Mr Horrocks?' me fi.

'Don't get me wrong!' medda'r Sais fel fflach. 'My father spoke fluent Welsh. But I tend to take the R S Thomas line: "Did they expect the seed too to be bilingual?"'

'Strange language, Welsh,' medda'i wraig hyll o wrth i ni deithio ar hyd yr arfordir tuag at Dyffryn Clwyd. 'It doesn't even sound like words...'

Ac wedyn wrth i ni droi oddi ar yr A55 dyma Horrocks yn troi ei sylw at yr arwyddion ffyrdd.

'Bad achub?' medda fo wrth Sam. 'Just how "bad" are your lifeboats?'

'Depends who we're trying to save, I suppose,' medda Sam, gan snichio dan ei wynt. 'Why don't you cap-sais a boat and see!'

Dim ond hannar gwrando o'n i ar y cew erbyn y diwadd deud gwir achos bo fi wedi dechra sgwennu'r stori 'ma...

'That looks very interesting,' medda fo'n sbeitlyd wrth sbio ar y teitl. '"Ehangoo D'orwelion"... Sounds like the name of the Nigerian ambassador at the United Nations!'

'Don't mock, David!' medda'i wraig snobyddlyd o. 'Take no notice of him, dear. He's always mocking the afflicted.'

'"Ehangu d'orwelion" means "Broadening your horizons", actually,' me fi. 'Perhaps you should give it a try.'

'Are you talking to me?' medda'r boi yn anghrediniol. 'You're talking to a man who's served in the Royal Navy. I've travelled all over the world!'

'You know what they say,' me fi. 'How travel narrows the mind.'

'Oh dear! Here we go again,' medda fo. 'The trouble with Welsh speakers is they can't speak English properly. Travel *broadens* the mind, young man! But there we are, what do you expect? Anything west of the Conway, eh Muriel? They're all so narrow-minded!'

'That's very interesting indeed, Mr Horrocks,' me fi. 'Perhaps you could explain something to me. If I'm so narrow-minded, how come I know so much about your culture and you know fuck-all about mine?'

19
SGRECH!
NEWID GÊR – *GUERNICA*

Dyna lle'r oeddan ni yn sefyll yn yr Amgueddfa Reina Sofia yn Madrid yn stydio llun anfarth o'r enw *Guernica* gan Picasso.

O'n i'n teimlo fatha ryw schizo-Ffrengig yn sefyll yn fanna efo Siân a Gwenlli a Ben a Lun, a finna wedi dechra dŵad i arfar byw efo'r werin datws eto. Oeddan ni'n talu gymint am bryd o fwyd yn Madrid â be fysa wsnos o wylia ar Bysus Begw... Fysach chi'n taeru bod rhei pobol yn nabod artistiaid mawr y byd i gyd yn bersonol. 'Pablo' Picasso ydi'r boi i Ben a Lun, 'Vincent' ydi Van Gogh siŵr iawn, ia, ac wedyn, wrth gwrs, simply... Kyffin!

Ma' 'na rwbath ynglŷn â'r ffycars sy'n codi 'ngwrychyn i bob gafal ac mi fydda i'n gneud 'y ngora glas i godi trwbwl efo nhw.

'Reina Sofia, myn uffar!' medda fi. 'Be sy haru'r Sbaenwyr 'ma? Ma' nhw gyn waethad â'r Cymry, ffor' ma' nhw'n cow- towio i'r teulu brenhinol...'

'Sa i'n gwbod 'bytu 'nny...' medda Ben.

'Seico-ffantig, dyna be 'dan ni,' medda fi. 'Dwi'n gwbod bod y Windsors yn betha sâl ond tydi hynny ddim yn rheswm i alw bob ysbyty yng Nghymru ar eu hola nhw.'

'Distraction, 'na i gyd yw'r frenhinieth,' medda Ben.

'Paid cymryd sylw o fe,' medda Lun. 'Cofia beth wedodd Dadi. Gan dy wa'th cei di dy sarnu, gan dy well cei di dy barchu!'

'Sori! O'n i wedi anghofio am dy dad,' me fi. 'Ga'th o MBE "for services to the Royal Welsh" wrth gwrs, do. Be oedd o, tarw potal?'

'Shwt y'ch chi'n dod 'mla'n 'te bois?' medda Siân gan ddrifftio draw o'r cyntedd efo Gwenlli.

'Wrth 'yn bodd,' medda fi. ''Dan ni wrthi'n ca'l trafodaeth gleddyf-ydol fan hyn! Ti'n ffansïo swordfish i ginio?'

'Pez espada!' medda Siân.

'Ia, OK,' medda fi. 'Dwi 'rioed wedi gweld ei lunia fo o'r blaen...'

Dwn i'm pa stad oedd ar Picasso pan ddaru o beintio *Guernica* – ma' raid bod o ar LSD ne' rwbath. Llun o fustach a cheffyl ydi o a rheini fatha tasan nhw wedi cael eu bwtshera'n fyw, ac yn udo a gweryru ac oernadu mewn poen... Llun o be nath Hitler i dre yng Ngwlad y Basg yn 1937 ydi o. Oedd y cwd d'état Generalissimo Franco mewn trwbwl ac mi dda'th ei fêt o, Adolf Hitler, i'r adwy gan fomio'r Basgwyr o'r awyr a mwrdro miloedd o bobol ddiniwad. Ddaru Franco dyfu mwstash fel teyrnged i Hitler am ei drafferth ac mi ddaru Picasso neud y llun 'na mewn protest. Mi bechodd Picasso'n anfaddeuol yn erbyn Franco a fuo rhaid iddo fo 'i heglu hi o Sbaen i fyw yn alltud yn Paris.

'Ma'r llun yn bown o fod yn werth ffortiwn,' medda Lun, sy'n gwbod pris bob dim a gwerth dim byd.

'Sdim pris i ga'l ar rai pethe, t'wel,' medda Siân, a dyma hi'n deud stori wrthan ni am Picasso a'r mwlti-bwlti-millionaire 'ma o America…

Dwn i'm os ti'n cofio Nelson Rockefeller, ond fo oedd un o'r dynion cyfoethoca yn y byd ers talwm. Tra oedd hogia Dre wrthi'n hel stamps, mi oedd hwn wrthi'n hel masterpieces druta'r greadigaeth a'u hongian nhw ar walia 'i dai, ac yn wir i chi mi gymrodd o ffansi at *Guernica*. Oedd y cew yn meddwl medra fo brynu pawb a phopeth yn y byd ond toedd waeth iddo fo heb a bustachu tro 'ma. Dim ots faint oedd o'n gynnig, ddaru Picasso wrthod gwerthu ac mi roth o'r llun am ddim i'r genedl.

Replica o *Guernica* sydd gynnyn nhw yn yr UN yn New York a dyna oedd gin Côlin Powell tu nôl iddo fo tra oedd o'n trio bwlio'r Cenhedloedd Unedig i roid sêl eu bendith ar ryfal Iraq yn 2003. Mi aeth Prydain ac America i ryfal p'run bynnag ac yn ystod y dyrnodia nesa mi dynnodd rhywun *Guernica* i lawr am ei fod o'n effeithio ar y camerâu teledu…

Toes 'na'm byd tebyg i *Guernica* yn Oriel Pen-deitsh yn Dre 'cw. Tydi adfyd a thrallodion ddim yn siwtio'n palet ni'r Cymry ma' raid. Ond toes 'na 'mond un peth gwaeth na bod yn alltud o'ch gwlad – be tasach chi heb wlad i fod yn alltud ohoni?

20

BENDITH Y MAMAU...

Annwyl Tylwyth Teg,

Helo. Dyma dant fi. Hoffwn os byddwch chi yn dodi arian i fi a bydda fi'n rhoi e i bocs cariad i ~~Bosnia Cosofo~~ Tsunami yn yr ysgol.

Diolch

Gwenlli (6)

O.N. Mae'r dant ar y tishw yn ofalus.
O.N.N. Sori mae'r tishw yn frwnt.

... A BEIAU'R TADAU

Annwyl Siôn Corn,

Dyma'r sieri a'r mins peis i chi. Ma' Mam wedi cymryd hansh o'r pei ac mae dad wedi yfed hanner y gwydryn achos dyna beth ma' e wastad yn neud. Os newch chi adael anrhegion byddaf yn siŵr o'u rhoi i achos da, sef FI!!

Gwenllian G. Arianrhod (8½)

P.S. Gadwch Rudolph yn yr ardd i gael rest ne bydda i'n riporto chi i'r RSPCA.

FINLANDIA

Syniad Ben a Lun oedd mynd am drip tridia i Lapland. Oeddan nhw'n arfar mynd i sgio bob gaea ond oeddan nhw'n ffansïo gneud rhwbath mwy cymunedol 'leni fatha mynd i weld Santa yn ei gynefin. O'dd Gwenlli wedi rhoid gora i gredu yn y peth ers sbel bellach ac mi o'n inna reit falch o gael rhoid gora i ruthro o gwmpas y lle fatha ryw Sionc Orn bob 'Dolig. Ond mi o'dd Lun yn cîn iawn i fynd â merchaid bach ei chwaer i weld yr hen Santa gan bod y cwbwl mor rhesymol.

> Day 1 – 'Let the magic begin'
> Day 2 – 'Jolly holiday…'

Jolly, myn uffar i! Fuesh i 'rioed yn 'jolly' yn 'y myw! Ac mi nesh i 'ngora glas i ddŵad allan ohoni.

'Sori!' me fi. 'Ma' sgio allan o'r cwestiwn. Dwi mor dindrwm â Dai Jones, Llanilar!'

'Paid â siarad dwli!' medda Lun. 'Ma' sgio fel whare siwrne ti wedi dechre.'

'Meddylia am yr après-sgi!' medda Ben, codi 'i fys bach efo winc a rhoid pwniad i mi yn 'yn ochor.

Dwn i'm be sy'n bod arna i dyddia 'ma. Tydi lysh ddim yn 'y nenu fi fel bydda fo. Dibynnu efo pwy ti'n lyshio ma' siŵr, tydi? Ond dyna fo, pwy ydw i, ia, os oedd y dduwies Ewropa wedi penderfynu. O'dd Siân yn meddwl dylian ni fynd tasa dim ond er mwyn ehangu gorwelion Gwenlli.

Plant – £3.99: dyna'r oedd o'n ddeud ar y postar. Trwbwl ydi o'dd o'n £399 i'r rhieni; be 'di cwpwl o decimal-points rhwng ffrindia, chwadal Siân, ond o'dd 'na bris lot mwy na hynny i dalu. Dim ond yn Gatwick oeddan ni ac mi oedd Ben Bach yn mynd ar 'yn nyrfs i'n barod...

'Gair Swedeg yw "Finland" t'wel,' medda Ben. '"Suomi" yw'r gair brodorol.'

'Ma' cysylltiad rhwng "Suomi" a "Sami", 'te, siŵr o fod o's e?' medda Siân.

'Mmm. Ie! Sa i wedi meddwl 'bytu 'nny,' medda Ben. 'Diddorol...'

'Pw' 'di Sami?' medda fi.

'Pobol sy'n byw yng ngogledd y wlad,' medda Ben. 'Esgimos y Ffindir, ontife. Nag wyt ti wedi darllen y pamffled?'

'Pidwch grondo 'no fe,' medda Gwenlli wrth Ben. 'Actio'n dwp ma' fe, ontife, Mami?'

'Sdim rhaid iddo fe drial yn rhy galed,' medda Lun, a throi nôl at ei *Daily Mirror*.

'O Finland ma' Magnus Magnusson yn dŵad 'ta, ia,' medda fi.

'Beth?' medda Ben.

'Y boi 'na o'dd ar *Mastermind*.'

'Nage wir! Wy i'n gwbod am ffaith taw o Wlad yr Iâ oedd Magnus yn dod!'

'Wyt ti'n siŵr?' me fi. 'Pam oedd o'n deud "I've started so I'm Finnish" 'ta?'

Tynnu coes y cew, ia, cracio jôc, tynnu cracer ne' ddau

er mwyn mynd i ysbryd yr ŵyl. Ma' pawb mewn mŵd da 'Dolig, yndi?

Gesh i'n siomi o'r ochor ora pan gyrhaeddon ni'r Wonderful Winter Wonderland. Mi oedd y gwesty fel palas a ninna fatha pathews bach tu mewn iddo fo er gwaetha'r ffaith bod hi'n -20°C yn yr haul tu allan. Trwbwl oedd, o'dd rhaid i ni fynd allan i rili, rili joio efo'r plant. O'n i'n teimlo rêl prat yn reidio ar y sled efo Santa, yr huskies yn 'yn tynnu ni a 'nhrwyn i fatha trwyn Rudolph the Red-nosed Reindeer. Mewn â ni i'r eira-mobile wedyn i gael 'yn cartio trw'r wlad gin ryw Sami chwil tuag at swyddfa post Santa lle ceuthan ni yrru cardia 'Dolig wish-you-weren't-here efo marc-post 'Cylch yr Arctic' arnyn nhw. Oedd y Sami yn gyrru fatha Sam Tân yn atab galwad 999 ac oeddan ni'n lwcus i gyrradd yn fyw. Toedd 'na ddim ffasiwn beth â lonydd, ond toedd hwn ddim yn gwbod rheola'r ffor' fawr p'run bynnag. Hynny fedran ni i gyd oedd dycio'n penna jest mewn pryd cyn i gangen ryw goedan binwydd yn dicapitetio ni, fatha Absalom ers talwm.

'England is not as frosty as Lapland, no?' medda Sami.

'No, but the people are!' me fi.

'Sbort, on'd yw e?' medda Lun.

'Yndi ma' siŵr,' medda fi. 'Os ti'm yn meindio colli dy Ben!'

'Paid â bod yn gyment o Scrooge,' medda Ben. 'Er mwyn y plant y'n ni'n neud e.'

'Shapa dy stwmps nei di!' medda Siân yn gas. 'Wy i'n ca'l digon o ffwdan 'da hon…'

Dyna lle'r oedd Gwenlli yn pwdu a gneud lipsia a chwyno 'i bod hi'n gorod cymysgu efo petha mor blentynnaidd â kids bach. Roedd bob dim yn boring-poring, as if, can't be arsed, tan i'r eira-mobile stopio yn y diwadd o flaen arwydd neon anfarth teml sanctaidd gwareiddiad y Gorllewin, sef 'Y

McDonald's Mwya Gogleddol yn y Byd'. Dwi'n siŵr bysa Big Côt Ffyr yn fwy buddiol iddi na Big Mac ond o'dd Gwenlli'n meddwl bod byrgyrs poeth yn yr Arctic yn swnio'n anhygoel o cŵl!

'Ni wastad yn ca'l hwyl, on'd y'n ni, Dadi?' medda Gwenlli, o'dd yn medru bod yn hogan *bach* eto ar amrantiad wrth iddi 'mheltio fi efo peli eira.

'Tydan ni hefyd!' me fi, gan chwerthin lond 'y mol am un 'Dolig arall o leia. Dyma fi'n tynnu un llun ola o'r parodrwydd i gredu ac yn rhyfeddu at ddeuoliaeth wastadol bob dim, y modd ma'r hen blant yn 'yn cadw ni'n ifanc ac yn 'yn lladd ni ar yr un gwynt...

Fuesh i 'rioed yn ddyn 'Dolig ma' rhaid i mi ddeud. Dwi'n gwbod bod Oliver Cromwell wedi bod yn hen gont tuag at y Gwyddelod a ballu ond toedd o ddim yn ddrwg i gyd. O'dd Oliver yn gymint o Biwritan mi ddaru o wahardd dathlu 'Dolig – dim lysh, dim gorfyta, ac ar ôl iddo fo dorri pen Charles I doedd o'n sicir ddim isho Tri Brenin o'r Dwyrain. Ac eto dwi'n siŵr bysa hyd yn oed hen sboilsbort fatha fo wedi dechra meirioli ar ôl ca'l sauna bach neis a photal ne' ddwy o Skol. Dyna lle'r oeddan ni i gyd yn ein cabana clyd yn trio gneud 'yn gora er mwyn y plant cyn iddyn nhw fynd i'r ciando...

'Diolch i chi am 'yn gwadd ni yma, hogia,' me fi. 'Cwbwl wyddwn i am y Ffindir cyn heddiw oedd "Nokkia" a "Nikki Lauda"!'

'A dybl-k yn y ffykkin lot!' medda Lun, oedd wedi dechra dal hi'n barod.

'Hisht, w!' medda Siân, yn ymwybodol iawn bod Gwenlli a'r plant drws nesa.

'Glywsoch chi am Nikki Lauda yn crashio mewn i'r ddwy ddynas 'na yn Fforest Brechfa?' me fi.

'Beth?' medda Ben yn syn.

'Pennawd yn *Y Cymro* wthnos wedyn: "Bwrw hen wragedd â Ffin"'!'

'Och!' medda Lun gan riddfan.

'Sori!' me fi. 'Ddeudish i bod 'yn jôcs i'n crackkyrs.'

'Watshia bo ti ddim yn nokkio'r pared 'na pan ti'n ca'l dy nookki heno,' medda Lun wrtha fi.

'OKK!' me fi. 'T'isho chwanag o Gokke?'

★ ★ ★

'Neis ca'l brêc bach adeg hyn o'r flwyddyn, on'd yw hi?' medda Siân. 'Cewn ni ddim byd tan y gwanwyn nawr.'

'Siarada di dros dy hunan,' medda Lun. 'Nag y'n ni wedi gweud 'tho chi? Ma' Ben a fi yn mynd i sgio i Banff yn y flwyddyn newydd.'

'Lle ma' Banff?' me fi.

'Yn America!' medda Lun.

'Canada, actually…' medda Ben, gan godi 'i ben o'i lyfr.

'O, wel 'na fe. Brawd mogu yw tagu, ontife?' medda Lun.

'Ia, ti'n iawn,' medda fi. 'A ma' Joni Mitchell yn frawd i Big Bill Broonzy hefyd!'

'Yn America dechreuodd y busnes Santa Claus hyn i gyd,' medda'r hollwybodus Ben. 'Pan benderfynws ryw department store yn Efrog Newydd iwso'r syniad o Sinterklaas o'r Iseldiroedd i hysbysebu eu siop. Dillad gwyrdd oedd 'da fe'n wreiddiol tan i gwmni Coca Cola eu troi nhw'n goch. Buo dadl fawr rhyngto Gogledd America ac Ewrop wedyn am ble yn gwmws oedd Siôn Corn yn byw. "Joulupukki" yw'r enw yn y Ffindir gyda llaw…'

'Efo dybl-k, mwn!' me fi.

'Ie, wel, wy i'n dybl-nakkered erbyn hyn ta beth!'

medda Siân. 'Dere Gwenlli, ma' hi'n amser i ti fynd lan i'r dowlad.'

'O!' medda Gwenlli. 'Wy i moyn clywed rhagor ymbytu hanes Siôn Corn.'

'O'n i'm yn meddwl bo chdi'n coelio mewn petha fel'na,' medda fi.

'Sa i'n *credu* bo Siôn Corn i ga'l,' medda'r siortan, 'ond bydde hi'n neis iawn os bydde fe...'

'Ma' plant bach yn werth y byd, on'd y'n nhw?' medda Lun gan roid CD yn y peiriant a thollti vodkka mawr arall iddi hi ei hun. 'Bydd plant Ceidrych yn ddigon hen i ddod 'da ni blwyddyn nesa.'

'Mmm! Bendigedig,' medda Ben gan ddechra canu efo'r miwsig a stretsho ar y soffa. 'Dros Gymru'n gwlad o Dad dyrchafwn gri, y winllan wen a roed i'n gofal ni...'

'Taw nei di'r lob!' me fi.

'Beth sy'n bod 'not ti?' medda Ben. '"Finlandia" yw hon. Alaw Sibelius. Geirie Valentine.'

'Dim ots gin i tasan nhw'n eiria Santes Dwynwen,' me fi. 'Ma'r gân yn codi'r felan arna i.'

'Beth?' medda Lun. 'Ma' lot o bobol yn credu dylen ni fabwysiadu "Finlandia" fel anthem genedlaethol.'

'Pwy sy'n deud hynny?' me fi. ''Dan ni'n bobol digon dipresd yn barod tasat ti'n gofyn i mi!'

'O'dd Sibelius yn wladgarwr mawr,' medda Ben, 'ac o'dd e'n iwso alawon gwerin y Ffindir i godi ysbryd y genedl pan oedd hi dan ormes gan Rwsia.'

'Sdim rhyfadd bod y Ryshans wedi 'i gleuo hi o 'ma,' medda fi. 'Ma' raid bo nhwtha'n methu diodda'r diwn hefyd!'

★　★　★

O'dd S4/C wedi trefnu cystadleuaeth Top 12 i weld pa 'run oedd emyn mwya poblogaidd Cymru. 'Based on a very low turnout' siŵr o fod, fel byddan nhw'n deud yn y *Western Mail*. Ma' Classic FM yn gneud yr un peth bob wsnos efo'u Classic Countdown: y Top 50 gwirion 'na sgynnyn nhw, yn union fatha tasa Beethoven ne' Mozart angan y royalties ne' rwbath. Ella bysa Sibelius wedi medru gneud efo'r pres pan o'dd o'n fyw, dwi'm yn deud, ond dyna fo, cheith proffwyd mo'i gydnabod yn ei wlad ei hun, na cheith?

* * *

Fora trannoeth, Day 2 y 'Jolly Holly Holiday', dyma Ben a Lun yn troi fyny fatha ryw Dorville and Tin yn barod i fynd i sglefrio cyn brecwast.

'Nawrte,' medda Lun gan ddechra trefnu dwrnod pawb. 'Ma' Ben a fi'n golygu mynd ar y Championship Piste nes 'mla'n. Beth ymbytu ti a Siân? Falle bydde'n well i chi stico at y Gentle Beginners' Slope, ife?'

'Iawn tro cynta, del,' medda fi. 'Be gentle with me, ia!'

'Diolch yn fawr i ti, Gron,' medda Ben. 'Ma' ishe tam' bach o bractis 'non ni ar gyfer y "real thing" yn Banff. Gadwn ni'r plant bach 'da chi trw'r dydd heddi 'te, os yw 'nna'n iawn?'

O'dd Siân yn gandryll pan ddoth hi allan o'r sauna efo'r plant bach a dyna lle'r oedd hi'n 'y niawlio fi a 'ngalw fi'n bwrs di-fols a ballu am gymyd 'y nghonio mor hawdd gin Ben a Lun.

'Be amdana chdi, 'ta?' medda fi. 'Rwyt ti mewn clymblaid efo'r basdads yn y Cynulliad! Dwn i'm pam ti'n cyboli efo nhw. Ma' gynnyn nhw ryw interior motive rownd y rîl!'

'Ulterior motive!' medda Siân.

'Interior motive ddeudish i a dyna be dwi'n feddwl. Ma'

rhein yn cachu ar y bobol sy'n eu plaid nhw'u hunain! Fyswn i'n watshiad 'yn hun taswn i chdi!'

Mi geuodd Siân ei cheg yn glep wedyn siŵr iawn, do, fatha'r rhengoedd sy'n cau mewn unrhyw blaid ma siŵr. Ond to'n i'n trystio dim modfadd o Ben a Lun bellach. Ddim Siân fysa'r gwleidydd Cymraeg cynta i ga'l codwm ar y sliperi-slôp.

'Cofia be ddeudodd Sibelius wrth y genedl,' medda fi wrth Siân. 'Finlandia ar ei thin oni bai bod ei sgis hi'n strêt...'

22
VIVA LA REVOLUCIÓN GALESA!

'Agoriad Swyddogol Adeilad Newydd y Cynulliad' o'dd o'n ddeud ar y rhaglen swyddogol. Dipyn o lond ceg, ia, ac roedd rhywun wedi penderfynu bod isho clamp o seremoni frenhinol fawr i'n helpu ni lyncu'r geiria. Dyna lle'r oeddan ni i gyd yn 'yn hetia a'n cotia mawr yn fferru yn yr eira ar Fawrth y cynta. Dydd Gŵyl Dewi rhyfedda welish i 'rioed – soldiwrs a gynna a llonga ac awyrenna rhyfal o'n cwmpas ni'n bob man. Gwanwyn gwleidyddol ym Mae Caerdydd? O'dd hi'n fwy fatha'r Siege of Cenningrad myn uffar i.

O'dd o fatha gwatsiad un o'r hen ffilms du a gwyn hynny o'dd yn ca'l eu gneud yn yr Ealing Stiwdios ers talwm: seremoni fawreddog tu allan i filding crand efo ryw ddau ddwsin o ecstras yn smalio bod yn dorf, mewn gwlad o'r enw Rwritania. Oeddan nhw wedi drafftio cannoedd o blant ysgol i lawr i'r Bae mewn bysus, wedi sodro Dreigia Coch ac Union Jacks yn eu dwylo nhw ac wedi'u siarsio nhw i fod yn llawen a hyfryd pan ddeutha'r Frenhinas. Ond pwy arall o'dd yn y dorf? Neb ond gweriniaethwyr a heddychwyr, comiwnyddion ac undebwyr llafur, hogia'r iaith a hen bensiynwyr o Allied Steal and Wire. Ma rhei pobol yn y Cynulliad yn deud bod oes protestio ar ben ond heblaw am y bythol brotestiol fysa 'na ddiawl o neb yno heddiw 'ma.

Pa ryfadd? O'dd hi'n amlwg bod pawb arall wedi ca'l gwadd i'r seremoni! Dyna lle'r o'dd y byd a'i wraig yn dylifo megis afon Taff i mewn i'r Senedd newydd. Pob lliw a llun o bedwar ban y byd: Latfia, wrth reswm pawb, Ciwba, Canada, Awstralia… pawb ar wyneb daear ar wahân i'r Ukinnocks.

O'dd y Lord Neil-anderthal wedi tyngu llw ar feibil ei egwyddorion dwfn y bysa fo'n amddiffyn y Deyrnas Unedig efo pob atom o'i fodolaeth ac na fysa fo ddim balchach o ddod ar y sliperi-slôp efo ni heddiw. 'Sbia ar y diawlad taeog,' medda Sam Cei'r Abar wrth watsiad cynrychiolwyr y Blaid Bach yn ymlwybro tua'r cysegr sancteiddiola. 'Lord hwn, Syr llall. Ma' hi mor hawdd sugno pobol i mewn i'r system, tydi?'

''Na dreni na bydde Neil wedi bod yn Brif Weinidog ife,' medda ryw ddyn dall o Gwmtawe. 'Bydden ni wedi ca'l Cymreiges yn No. 10 am y tro cynta 'ddar Mrs David Lloyd George!'

'Boddi yn ymyl y lan, 'na beth yw'n hanes ni bob tro, ontife?' medda 'i ferch o. 'Alle Ffion Hague wedi bod yn first lady 'fyd, ch'wel. O'dd y plant 'co yn Glantaf pan ddo'th hi'n ôl i'w hen ysgol!'

'Alma mater, ife,' medda Ben wrthyn nhw.

'Mater-oliaeth, ti'n feddwl, ia?' medda fi wrth Ben.

Fydda i wrth 'y modd yn darllan rhestr anrhydedda'r Frenhinarse bob blwyddyn. Ma' hi'n amlwg bod rhywun fatha EleanOBEnnet wedi'i thynghedu i ga'l rhwbath 'ddar y dydd ca'th hi 'i bedyddio ac ma'n siŵr bod rhywun yn syrffedu ar weld Syr Cliff a Syr Mick, Syr Paul a Syr Tom yn ca'l eu galw i'r palas o hyd ac o hyd. Pam dylsa'r byd pop ga'l bob dim, ia. Ma' hi'n iawn i'r delyn ga'l ei chydnabod hefyd, tydi?

'Gad dy ddwli nei di?' medda Ben Bach. 'Sdim problem 'da fi 'da'r Frenhiniaeth na chyda'r Tywysog chwaith. Ma' Monaco'n dywysogaeth t'wel. A Liechtenstein 'fyd. Shgwlwch ar y llewyrch sy'n y gwledydd bach 'na. Ma' tywysogaethe Ewrop i gyd yn ffynnu!'

'Ffynnu peculiar 'ta ffynnu ha-ha?' medda Sam.

'Ie, ie! Da iawn nawr,' medda Ben. 'Ma' hi'n bwysig bo ni i gyd yn ca'l tam' bach o sbort heddi. Gwenwch, bois! Alle fod yn wa'th. Beth 'se Cymru'n Grand Duchy fel Lwcsembwrg? Bydde rhaid i ni fod dan y Duke wedi 'nny!'

Ben Bach ydi cyfarwyddwr polisi'r Blaid Bach ar y cyfansoddiad dyddia yma, ac ma' isho cyfansoddiad go gry' i'w stumogi fo. Does 'na'm pwynt sôn am annibyniaeth tan o leia 2111, medda fo, felly here we go efo'r Status Quo, ia.

'Dadi! Fi'n freezin,' medda Gwenlli yn ei gwisg Welsh Lady. 'Ble *ma'r* Cwîn?'

'O, wy i'n gweld! Ti sy'n gwarchod heddi, ife?' medda Ben Bach wrtha fi. 'Ble ma' Siân, 'te? Synnu bo hi'n caniatáu i'w merch gymryd rhan miwn rhwbeth fel hyn!'

'Ma' Miss yn gweud bo rhaid i ni, reit!' medda Gwenlli fel bwlat. 'Ma' hyn yn boring, poring! Faint o weithie ma' rhaid agor y Cynulliad?'

'Ma'r tro dwetha, cariad!' medda Ben. 'Ma'r strygl drosto, t'wel, ni wedi ca'l popeth ni moyn nawr!'

'Perdon! ¿Dónde está mi esposa?' medda cynrychiolydd Ciwba a golwg wyllt yn ei llgada fo wrth iddo fo ymlwybro trwy'r dorf.

'No lo sé! Lo siento, lo sé!' medda'r neo-con Ben. 'Ma'r diawl dwl wedi colli'i wraig!' mo, gan gyfieithu'r sgwrs i'r hogia. ''Na'r trwbwl 'da'r Ciwbans, t'wel. Ma' nhw ar goll yn lân siwrne ma' nhw'n ca'l tam' bach o ryddid!'

'Dewch, Gwenlli, dewch!' medda'r athrawes ddosbarth gan drio hel y plant i gyd at 'i gilydd. 'Mae ei Mawrhydi wedi cyrredd!'

'Beth yw Mawr Hoodie, Dadi?' medda Gwenlli.

'Sbia ar ei handbag hi,' medda fi. 'Chafodd hi mo hwnna drw' shoplifftio yn Co-op, naddo? Ysbail yr Ymerodraeth, dyna ti be sy yn hwnna!'

Sôn am bantomeim, hogia bach! Dyna lle'r oeddan nhw i gyd, ei Mawr Hoodie a'r Hoodies llai, y Diwc a'r Prins a'r Dodri a'r Llywydd a phawb yn gwynebu môr o chwibanu a hisian a bŵio o'rwth yr hogia tra oedd y band yn chwara 'God Save the Queen'. O'dd 'na resiad o soldiwrs efo bidoga yn sefyll rhyngthon ni a nhw. Esiampl dda i blant y genedl, ia? Sdim rhyfadd bod cymaint ohonyn nhw'n cario cyllyll. 'Attended by hundreds of dignitaries...' medda'r *Western Mail* trannoeth. 'Lac o' dignit' fyswn i'n deud 'yn hun, ia, chwadal y Dyn Tryc ers talwm.

'Some nice military music there...' medda'r BBC o'u tŵr ifori o stiwdio fyny fry uwchben y Bae, a dyma nhw'n deifio huwedwards i ganol trafodaeth gytbwys arall ar arwyddocâd yr achlysur arbennig hwn heddiw, cyn i ddwy Hawker jet fomio heibio gan fyddaru pawb. Fuo jest i gynrychiolwyr Latfia ga'l hartan meddwl bod y Ryshans yn eu hola a dyma nhw'n dycio am eu bywyda i'r trenshis agosa. Ond chwara teg i bobol Caerdydd. Ma' pobol cefn gwlad yn ca'l clwad sŵn eroplêns fel'na bob dydd o'u hoes. Pam dylsan nhw gael yr hwyl i gyd, ia? Ond wedyn, i goroni'r cwbwl, be well i lonni calonna torf o drwyna Esgimos na twenti-wan gyn's Aleut o long ryfal o'dd wedi angori yn y Bae?

O'n i'n sylwi ar y monitor bod 'na sêt wag yn y Senedd yn ystod y seremoni. Gwraig cynrychiolydd Ciwba, cradur! Ma' hi'n amlwg na doedd hi byth wedi troi fyny... 'Chydig iawn o Gymraeg o'dd gin y Bardd Cenedlaethol yn ei cherdd ddwyieithog i'r achlysur. Protocol, yn ôl pob sôn: ma'n debyg bod y Diwc yn teimlo 'run fath â'r hen snob 'nno ar *Little Britain* sy'n Hoodie 'i gyts os clywith hi fwy na hyn a hyn o ieithoedd brodorol. Ond os nad o'dd y Bardd yn rhyw Genedlaethol iawn mi nath y Bardd Plant i fyny amdani hi. Dyna lle'r o'dd Mererid yn Hopian o gwmpas y stiwdio gyda'r nos gan flagardio ynglŷn â'r holl jingo a'r lingo a'r lol. Pa fath o genedl ydan ni? Tywysogaeth Banana Gwalia! Rydan ni'n haeddu gwell na hyn!

Chlywish i ddim gair o gŵyn gan yr un golar gron, cofiwch. Ma' hi'n amlwg bod nhw wedi prynu'r enwada crefyddol hefyd. Ond dyna fo, ella na tydach chi ddim yn clwad y gynna'n rhuo pan 'dach chi wrthi'n ca'l cinio tangnefeddus yng nghwmni'r Tywysog. O'dd Gareth Connolly'n meddwl na rhybudd gin y wladwriaeth o'dd yr holl filitariaeth 'ma. Balkaneiddiwch chi Brydain os 'dach isho ond peidiwch ag anghofio pwy 'di'n Bos-ni-ia? Ond o'dd Sam Cei yn meddwl ella na ryw Daf Vinci Côd o'dd o – negas gin Ben Bach i'r etholwyr cyn yr uffarendwm nesa: 'Na thralloder eich calonnau, gyfeillion! Datgan be ma' Datganoli? Datgan bod gwladgarwyr Cymreig yn medru bod mor Brit a Brenhinol a Bastardaidd â neb!'

Ma'n nhw'n deud na dim ond pobol sy'n dallt ddylsa sgwennu am wleidyddiaeth. Tydw i'n dallt dim, ma' hynny'n saff i chdi. Ond ma'r wraig 'cw dipyn bach mwy peniog. Ma' hi'n siarad Sbaeneg yn rhugl i ddechra... 'Perdóneme señora! Un momento...' O'dd Siân wedi perswadio gwraig cynrychiolydd Ciwba na wast ar amser fysa mynd i weld British Home Stores y Cynulliad. Fysa ddim yn well ganddi fynd i weld Ysgol Gymraeg Treganna, lle ma' plant yn ca'l dysgu gwerthoedd go iawn?

Dros lasiad o win a thapas yn yr Ivor Jenkins mi ddeudodd y ddynas wrth Siân bod Fidel Castro o blaid yr ewro am ei fod o'n her i rym y ddoler. Dyma'r ddwy'n codi 'u gwydra a chynnig llwncdestun: 'Viva la revolución Galesa!'

23

Y SENEDD EWROPEAIDD

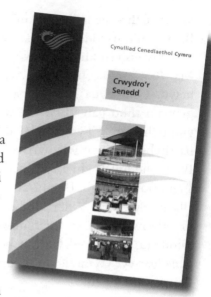

Dyna lle'r o'n i yn cicio'n sodla yng nghyntedd y Cynulliad Cenedlaethol yn disgwl i fynd i gyfweliad. O'n i'n trio gneud bywoliaeth fel comic ar y pryd ond talcian calad ar y diawl oedd hynny. Buan iawn ffendish i pam bod comedi Cymraeg yn beth prin. O'dd Cymru'n ddigon o jôc yn barod a toeddan nhw ddim isho i neb bwyntio fo allan. Mi oedd y gwaith ar Bysus Begw wedi dŵad i ben: mi oedd Clem y co-dreifar wedi riteirio ac mi oeddan nhw wedi ffeindio partnar newydd i Sam Cei. Mi ddechreuodd 'nacw' nagio wedyn do: os o'n i'n sgwennu llyfr ar Ewrop roedd rhaid i mi gadw 'mys ar y pyls… Senedd Cymru ydi senedd fenga Ewrop, medda hi. Pam na fyswn i'n helpu rom bach yn y broses o roid Cymru ar y map?

Ma' Siân wedi bod yn sbio ar ormod o lunia Nowi Bala yn ddiweddar dwi'n meddwl. Ma' hwnnw'n mynd drw' ryw greisis canol-oed ar hyn o bryd efo'r ffor' mae o'n manglo mapia o Gymru a'u troi nhw tu chwith allan nes bo Penrhyn Llŷn a Phenrhyn Gŵyr yn cael eu plannu fatha pâr o Gala-mares Gwyr-droëdig i mewn i bob twll a chornel o Ewrop…

'Wyt ti'n dyall y pwynt?' medda Siân.

'Yndw siŵr Dduw,' medda fi. 'Mae o'n mynd trw' 'i gyfnod Van Goc, tydi?'

O'n i wedi sylwi bod 'na un ne' ddau o bobol yn gneud ceiniog ne' ddwy allan o'r Cynulliad, a ddim jest yr aeloda dwi'n feddwl rŵan. Cymwch chi Gwili Mowin er enghraifft; fo ydi garddwr y Cynulliad, hel dail, torri lawntia, clirio cachu corgwn y Cwîn 'ddar y pafin a ballu. Unrhyw chwyn digwilydd sy'n popio 'u penna trw'r cracia ma' Gwili yna'n torri'r egin mân i lawr. Ma' hi'n dda iawn cael ei wasanaeth o hefyd ma'n rhaid i mi ddeud. Fydda i'n licio pobol sy'n mynd i berfadd petha, ac o'n i ar fin mynd draw i ga'l sgwrs efo fo pan ddoth 'na ryw fodan ifanc draw a gofyn:

'Ydych chi eisiau copi o "Crwydro'r Senedd"?'

'Diolch yn fawr i ti!' medda fi. 'Chwara teg i'r Senedd am gyfadda bod hi'n crwydro!'

Ond taw pia hi, ia. O'dd Siân wedi 'n siarsio fi i beidio bod yn gas efo'r Llywydd taswn i'n digwydd ei weld o. Mi fysa hi wedi cachu arna i am job wedyn, bysa? A ph'run bynnag, mi roedd y Llywydd wedi gneud strocan go lew medda hi, pan fynnodd o alw'r stafelloedd yn 'Senedd' a 'Neuadd'. O'dd 'na aelod goleuedig o'r Rhondda yn mynnu bysa 'i etholwyr o'n mynd ar goll yng nghanol yr holl enwa Cymraeg 'ma tasa nhw byth yn twllu'r Cynulliad. Sut ma'r creaduriaid yn ffeindio 'u ffordd i lond ceg o lefydd fatha Troedrhiwrfuwch gefn nos dwi'm yn gwbod a dyna ddeudodd y Llywydd wrtho fo dwi'n meddwl. Gweithred unwaith-ac-am-byth ydi enwi dy 'Senedd', ia. Does 'na'm pwynt hel 'Dail' fel byddan nhw'n ddeud yn Nulyn... Lle uffar ma'r cyfweliad? Gobeithio bo fi yn y lle iawn... medda fi wrth 'yn hun cyn dechra darllan y pamfflet 'Crwydro'r Senedd' i basio'r amsar.

'Y SENEDD'

… Edrychwch i fyny ar y twndis arbennig ar do'r Senedd.
Fe welwch gwfl gwynt a llusern. Nid addurniadau mo'r
rhain. Mae'r cwfl yn troi gyda'r gwynt ac yn creu gwasgedd
negyddol i ryddhau aer o'r adeilad…

'Hot air' ma' siŵr, ia, medda fi wrth 'yn hun, a to'n i'm yn
siŵr be i neud o'r troi efo'r gwynt 'na chwaith… Ma' nhw'n
deud bod y to gwydr yn gadael mwy o ola dydd i mewn…
Faint o 'oleuni' sy'n dŵad *allan*, dyna dwi isho wbod.

A OES GAN Y SENEDD DDANNEDD?
   Oes, oes! Dannedd glân…

Y TRIPARTITE INDENTURE
   Os gwnaethoch archebu eich dannedd gosod cyn 1406
   mae'r Cynulliad yn addo byddant yn barod yn ddi-ffael
   cyn 2050. Byddant yn dod mewn tair rhan: top, gwaelod a
   chlamp o ffi i goroni'r cyfan.

CYNLLUN TRIDENT CYMRU
   Mae'r Cynulliad wedi targedu y bydd gan bawb yng
   Nghymru o leiaf dri dant erbyn diwedd y degawd, fel bod
   plant sy ddim yn hwyr i'r ysgol yn medru cnoi eu brecwast
   am ddim yn effeithiol.

YUGO-PREIFAT
   Dywedodd ymwelydd o Bosnia-Herzegovina fod mwy o
   obaith canfod deintydd yn Sarajevo yn ystod y rhyfel cartref
   nag ym Mhowys ar y Sul. Awgrymir eich bod yn cysylltu â
   Denplan a gofyn am eu cynllun 'Belle-grade'.

DIVINE COMEDI DANTE – RHYBUDD LEO ABCESS

Mewn argyfwng awgrymir bod y dioddefydd yn ymweld â thafarn yng nghanol y brifddinas ar noson gêm ryngwladol, pigo ar y dyn mwyaf meddw a pheryclaf yr olwg a'i wahodd i'ch bwrw'n egr yn eich tshops. Hei, Prescott! – bydd y dant drwg yn popio allan o'ch pen!

NHS CYMRU

Un cwestiwn cyffredin a ofynnir i ni yw pam nad yw dannedd yn cael eu trin am ddim fel pob rhan arall o'r corff? Yr ateb amlwg i hynny yw: am nad oes gennym ddigon o ddannedd!

Dyma fi'n sbio ar 'yn watsh… Lle uffar ma'r ysgrifenyddes 'ma? medda fi wrth 'yn hun. Cyfarfod yn y cyntedd ddeudodd hi… O'dd hi wedi deuddeg erbyn hyn – amsar i'r AMs ddŵad i'w gwaith… O'n i'n nabod lot ohonyn nhw o ran eu gweld. Ma' nhw'n deud bod pobol yn mynd yn debyg i'w cŵn ond, ar f'enaid i, o'dd rhein fel tasan nhw'n mynd yn debyg i'w gwaith… O'n i wedi clŵad am yr Hud ar Ddyfed o'r blaen, ia, ond oedd 'na ryw Hyd rhyfadd iawn yn fama hefyd. Hira i gyd oeddach chi'n aros yma o'dd y jobsus fel tasan nhw wedi cael eu gneud ar 'ych cyfar chi…

Lorraine Barrett oedd enw'r ddynas yna ers stalwm. Hi sy'n cynrychioli pobol y dociau 'ma a ballu, ond Lorraine Barrage ydi 'i henw hi erbyn hyn! Dyna i chi'r gweinidog tai wedyn – Jane Hutt. Fysa ddim yn well iddyn nhw fildio tai cownsul? Edwina Hart – gweinidog iechyd? Dwi'n gwbod bod y gwasanaeth yn edwino ond ma' hynna'n torri dy galon di, yndi? Druan o'r byd addysg yn Lloegar, ddeuda i, efo rwbath o'r enw Ed Balls yn ei redag o…

'Bore da! Mr Jones?' medda'r boi yma wrtha fi a'i wynt yn ei ddwrn.

'Ia!' medda fi.

'Wy i wedi bod yn edrych amdanoch chi yn bob man. Yr ochr draw 'co ma'r cyfweliad.'

'Yr Ochr Draw?' medda fi. 'Tydi petha ddim gyn waethad â hynny gobeithio?'

'Sori?' mo.

'Jôc!' medda fi.

'Byddwch yn ofalus!' medda'r boi. 'So fe'n jôc gweitho yn yr adran gyfieithu, alla i weud 'na wrthoch chi nawr!'

Mi gyrhaeddish i'r cyfweliad ymhen hir a hwyr ac mi gesh i'n hel i stafell ar ben 'yn hun i neud prawf ysgrifenedig cyn cael fy halio'n ôl i gael fy sgriwtineiddio gan y panel...

'Diolch yn fawr i chi am ddod, Mr Jones,' medda'r fodan 'ma fatha ryw Miss Anne Robinson dros ei sbectol. 'Gwell hwyr na hwyrach siŵr o fod, ond so fe'n argoeli'n dda iawn i rywun sy'n gobitho cyfieithu ar y pryd...'

O ffwc! medda fi wrth 'yn hun. Ddim cotsan biwis arall...

'Y'ch chi wedi cyfieithu o'r bla'n?'

'Translations is my middle name!' me fi.

'Beth y'ch chi – comedian?'

'Beth rhyfadd i chi sôn! Fel ma' hi'n digwydd bod, mi droia i'n llaw at rwbath...'

'Gair am air, 'na beth y'n ni moyn man hyn,' medda hi. 'Ma' dychymyg yn beth peryglus iawn! Shwt allen ni fod yn siŵr eich bo chi'n cyfieithu areithie'r aelode'n gywir...? Byddech chi'n cael eich temto i roi stretshis ynddi...'

'Fysa fiw i mi neud hynny na fysa,' medda fi.

'Y nuances, 'na beth sy'n 'yn fecso i,' medda hi, gan stydio'r darn prawf o'n i wedi gyfieithu. '"Health and Safety in Merthyr Tydfil Ironworks, 1847". Freuddwydies i ddim bydde neb yn ffindo ironi mewn defnydd fel 'na...'

'Sori,' medda fi. 'Ella na tydi 'Nghymraeg i ddim yn ddigon da…'

'Na, na. Ma' CSE Cymraeg o'r saithdegau yn well na gradd prifysgol erbyn heddi. Ma' 'da fi ofon bo chi'n overqualified, Mr Jones! Falle dylech chi whilo am rwbeth arall.'

'Ia, OK! Diolch yn fawr i chi p'run bynnag,' me fi. 'Deudwch i mi – ydi'r Grant Dysgu'r Cynulliad yma'n dal ar gael, yndi? Fyswn i ddim yn meindio dysgu un ne' ddau o betha iddyn nhw!'

Nath y fodan ddim byd ond gwenu'n gam a dangos y drws i mi. Fiw i ti gracio jôc efo unrhyw fiwrocrat rhag ofn i'w wynab o gracio.

'Gyda llaw,' medda fi. 'Ma'r Senedd 'ma'n lle crand iawn gynnoch chi, ma' rhaid i mi ddeud. Ond deudwch i mi – ydi o'n bosib 'mod i wedi gweld lle tebyg iawn iddo fo yn maes awyr Barajas yn Madrid?'

'Ody wrth gwrs! Yr un pensaer oedd wrthi. Syr Richard Rogers, ontife?'

'Dyna i chi fasdad diog, ia,' medda fi. 'Fysach chi'n meddwl bysa fo wedi gneud rwbath mwy gwreiddiol, bysach, a ninna'n talu cymint iddo fo!'

Dyma fi'n camu allan ar y stryd a phwy welwn i ond Ben Bach yn mynd i fewn i gar efo ryw fodan…

'Nice work if you can get it,' medda'r porthor wrtha fi. 'What that guy gets up to is nobody's business!'

'I don't think it's any of your business anyway,' me fi, ffŵl dwl ag ydw i, mor driw â 'rioed i bobol sy ddim yn ei haeddu fo. Ond, fel comic, o'n i'n licio'r ffor' o'dd y porthor yn geirio hefyd ma'n rhaid i mi ddeud… Rêl Caerdydd, ia, medda fi wrth 'yn hun. O'dd o'n deud bod Ben yn mynd i'r lle arferol i ga'l massage ac yn ca'l massage yn y lle arferol…

24

HEN DERFYN NAD YW'N DARFOD

Oeddan ni wrthi'n byta'n Shredded Shreddies yn y gegin un bora pan ruthrodd Sylvia Pugh, mam Siân, i mewn a mynnu bod Hitler wedi landio yn Abergwaun. O'dd hi wedi dechra cerddad yn ei chwsg ers sbel ond o'dd petha'n swnio dipyn gwaeth tro 'ma.

'Pam y'ch chi'n siarad iaith y de, Mami?' medda Siân.

'Hush, hush!' medda Sylvia. 'Ma' fe Lord Haw-haw wedi occupeio'r leithouse yn Strumble Head! Gad i ni wilia miwn côd jest rhag ofon!'

Mi driodd Siân resymu efo hi na fysa Hitler ddim yn iwsio'r fferi o Rosslare achos bod Werddon yn niwtral yn ystod y rhyfal. Ond toedd waeth iddi heb. Mi o'dd Jemima Nicholas wedi bod yn gwrando ar Alvar Lidell ar yr Home Service a toedd 'na ddim troi arni hi na'r nobyn ar ei weiarles hi chwaith.

'We'll fight them on the beaches!' medda hi. 'We'll fight them in the air! Cheith y diawlad ddim dŵad man hyn a dwgyd 'yn jobsus ni!'

'Am be chi'n siarad, Mam bach?' medda Siân. 'Histwch lawr nawr, ife? Doda i tot o'r medicinal brandi hyn miwn lla'th twym i chi…'

Mi o'dd Sylvia Pugh yn grediniol bod Saunders Lewis wedi torri'r weiran bigog o'dd rownd gwersyll Penrhos ac wedi gadal y Pwyliaid allan a dyna lle buodd hi'n mymblo rhyw jymbo am hannar awr arall bod peipia'r gwres canolog yn griddfan mewn iaith ddiarth. Beidio bod y gelyn oddi fewn?

O'dd Siân a finna'n poeni, meddwl bod hi wedi Krakow fyny go iawn, ac oeddan ni'n dechra meddwl yn nherma Sylvia-dementia. Ond oedd y doctor yn mynnu na toedd o'n ddim byd mwy na chlefyd sy'n gyffredin iawn yn yr UK dyddia 'ma. Rhywbeth sy wedi sbredio o Stressburg medda fo: dôs go drwm o Polaroid Xenoffobia…

Pobol glên iawn ydi'r Pwyliaid. Mi fydda Taid Nefyn yn dŵad â stamp-addressed envelopes adra i mi ers talwm ar ôl iddo fo fod yn delifro'r post yn Camp Penrhos. Stamps da oeddan nhw hefyd, clamp o rei mawr lliwgar neis oedd yn llenwi dy albym di fel slecs nes bod pawb yn y dosbarth yn gofyn lle gest ti rheina'r jamar? Ond sut oeddan ni'n mynd i stampio'r lol 'ma allan o Sylvia Pugh, dyna oedd 'yn problam ni rŵan. Brêc yn yr haul, dyna oedd isho arni, ne' sanatoriwm yn y Swistir ne' rwbath. Ond be newch chi efo dynas sy'n meddwl bod 'na ormod o ryw hen fforinyrs diawl yn bob man? Mynd â hi i ganol yr ex-pats yn Sbaen, siŵr iawn! Oedd Siân a finna'n cytuno bysa hi'n teimlo'n gyffyrddus iawn yn Vandalusia.

Lle rhyfadd iawn, iawn o'n i'n gweld Gibraltar. 'Some corner of a foreign field that is forever England' – Marks and Sparks and Sunday lunch, y sterling styff i gyd, ia. Dyna lle'r oeddan ni yn sefyll ar ben y graig yng nghwmni ein perthnasa agosa – yr Epa Barbaraidd, ia. O'n i'n poeni dipyn bach bysa Sylvia Pugh yn meddwl na Ffrancwyr oedd y mwncwn ond oedd hi i weld yn ddigon hapus tra oedd hi wrthi'n claddu ei Walls Ice Cream beth bynnag. Mi oedd Siân yn cîn iawn ar i Gwenlli gael ei chip cynta o Affrica…

'Mynyddoedd yr Atlas, drych…' medda Siân, gan bwyntio at y gorwel.

'Ma'r atlas yn llawn o fynyddoedd, tydi,' me fi. 'Deud wrthi be 'di henwa nhw!'

'Dadi!' medda Gwenlli'n flin. 'O'dd dy jôcs di'n iawn pan o'n i'n fach, ond get a life, ife?'

Dyna ydi'r trwbwl efo merchaid, ia. Dim ots pa oed ydyn nhw. Toes na'm parch i ga'l, nag oes?

'Ydi Gibraltar yn Ewrop, d'wad?' medda fi wrth Siân wrth i ni sglaffio'n Shepherd's Bush yn yr Old Bull and Pie amsar cinio.

'Ody, wrth gwrs!' medda Siân. 'Ma' MEP South West and Gibraltar i ga'l.'

'Toes 'na'm lot o bobol yn gwbod hynna,' me fi. 'Wyt ti'n meddwl fedrwn ni ga'l aelod North Wales and Patagonia?'

'Sa i'n credu 'nny rwsut,' medda Siân. 'Er, ma' rhanne o'r Caribî yn aelode o Ewrop achos bo nhw'n departments o Ffrainc…'

'A ninna'n department o Loegar, ia?' me fi.

'Sa i'n gwbod 'bytu 'nny,' medda Siân. 'Ma' pethe'n gwella gan bwyll bach.'

O'dd Siân a fi'n manijo ca'l amball i beint a sgwrs bach fel hyn ia, ond fyswn i'm yn ei alw fo'n wylia. O'dd gofyn i ni watsiad be oeddan ni'n ddeud rownd y rîl, jest rhag ofn i Sylvia ddechra mwydro eto. O'dd 'na si ar led bod Romania a Bwlgaria am gael joinio Ewrop ac mi fysa hynny'n dedli, bysa? Romanis a phobol Fwlgar? Peidiwch â sôn! Taw pia, ia, medda Siân a finna wrth 'yn gilydd. Ond toes yna ddim modd cadw dynas fatha Sylvia i lawr yn hir. Toes 'na'm cyfuniad peryclach dan haul ffurfafen Duw na hen snob sy'n ola yn ei Beibil…

'Llyfr Daniel? Beth chi'n wilia nawr, Mam?' medda Siân.

'Breuddwyd Nebuchodonosor!' medda Sylvia. 'Ma' nhw wedi weithio fo allan. Mi fydd Twrci a Syria a'r Aifft yn dŵad i mewn i Ewrop yn diwadd… Yr Aifft = Egypt = Gypsy… Gibraltar is in mortar denjar! The Rock is about to fall!'

Aethon ni i gyd yn ôl i ben y graig cyn i ni adal jest er mwyn sicrhau mam Siân ei bod hi'n dal yno. Mi oedd Siân yn deud bod Morocco sy draw dros y dŵr yn fan'cw wedi gneud cais am joinio Ewrop ond bod Ewrop yn teimlo drwadd a thro nad ydi Affrica ddim yn Ewrop.

'Nage bo 'nny'n rhwystro Twrci, cofia,' medda Siân, 'a ma'r rhan fwya o man 'nny yn Asia!'

Rhyfadd o fyd, medda fi wrth 'yn hun, ac mi oedd 'na adega, ma'n rhaid i mi gyfadda, pan o'n i'n cydymdeimlo efo mam Siân. Ma' Ewrop fatha bydysawd Einstein yn ehangu ac ehangu ac ehangu trw'r amsar.

'Lle ma' rhywun yn tynnu llinall d'wch?' me fi.

'Hen linall bell nad yw'n bod, hen derfyn nad yw'n darfod,' medda Sylvia Pugh. 'Dwn i'm be ddaw ohonon ni wir,' medda hi, gan syllu'n syn tuag at y gorwel…

Y CRAIC YN Y CREAD

Fydd gas gin i fynd i dŷ galar bob amsar a toedd yr un o 'nhraed i isho mynd i weld teulu Jero Jones y Dysgwr. Prin ro'n i'n nabod neb ohonyn nhw ond o'n i'n teimlo bod rhaid i mi fynd. Mi ddoth 'na ddynas i'r drws ac mi ofynnish i fyswn i'n cael gweld Norman, brawd Jero...

'And who shall I say it is that's askin'?' medda'r Wyddelas.

'Me!' medda fi'n syn.

'And what is the gentleman's name?' medda hi yn union fatha taswn i ddim yno.

'The gentleman's name is Goronwy Jones,' medda fi. 'Sorry! My Gaelic is not very good!'

'Och, you're grand!' medda'r Wyddelas a 'ngwadd i mewn i'r tŷ. 'Doonan doras...'

'Helo Doris!' medda fi. 'Pleased to meet you.'

'"Doonan doras" means shut the door in Irish,' me hi.

'Sorry!' me fi. 'How do you shut the door in Irish?'

'Och! You're wicked funny, the Welsh. Sit yourself down... You're after travellin'... You'll be havin' a cup of tea.'

'Stroke,' medda Norman brawd Jero wrth i mi gydymdeimlo. 'I brought him a cup of tea first thing, as usual, and I couldn't wake him up... Do you fancy a drop of Jamesons?'

'It's a bit early for me actually,' me fi.

'Fuck off!' medda Norman. 'You can't kid me. You only ever call for the craic!'

'One for the road!' medda'r Wyddelas. 'A wee one in the tea. Sorry about the mess. I was just about to start on the spring-cleanin'...'

O'dd 'na uffar o olwg yn nhŷ Jero Jones fel arfar. Bagia plastig o gwmpas y lle yn bob man. Bagiad o lyfra Cymraeg o Oxfam. Bagiad o lyfra Edward de Bono. Bagiad arall yn llawn o'r ffisig a'r tabledi o'dd wedi cadw Jero'n fyw ers blynyddoedd: o'dd bob dim dan haul ar y cradur erbyn y diwadd, a toedd hi ddim yn syndod o gwbwl pan ddoth y newyddion drwg...

'I didn't have your number,' medda Norman. 'How did you hear?'

'I heard it in the *Echo*,' me fi.

'I thought about putting it in Welsh,' medda Norman, 'but I didn't have anybody to translate.'

'It's a soft old morning, you'll be wanting the tea!' medda'r lady ddaru 'ngalw fi'n gentleman ar y ffordd i mewn.

'Diolch yn fawr iawn i chi,' medda fi. 'And what part of Ireland are you from?'

'Och! I've lived in Cardiff all my life,' medda hi. 'Can't you tell? But you're not from around here, are you?'

'Margaret is a friend of the family,' medda Norman. 'I don't know what we'd have done without her ever since the old Queen passed.'

O'dd Margaret yn 'yn atgoffa fi o'r ddynas tŷ lodjins 'nno yn Kerry ers talwm pan a'th Siân a fi draw yno ar 'yn holidês ha'. O'dd hi isho gwbod os oeddan ni wedi priodi ne' beidio cyn rhoesa hi wely inni achos bod 'na gymaint o gari-dyms anfoesol yn dŵad yno o Ddulyn medda hi.

'The bar next door is closed on Sundays, of course,' medda hi. 'But if you knock they'll open the door for you. And what part of Ireland are you from?'

'From the part of Ireland known as North Wales!' me fi. 'Sorry! We've only got sterling…'

'Never you mind about that,' medda'r ddynas. 'We may be anti–British but we don't at all mind their pounds!'

O'n i wrthi'n gorffan 'y nhe pan ddoth Eamonn, brawd fenga Jero, lawr o'r llofft a dŵad i ysgwyd llaw efo fi… To'n i 'rioed wedi weld o o'r blaen ac mi ddychrynish i pan welish i o. O'dd o'r un ffunud â Jero pan nesh i gwarfod o gynta, pan oedd o'n llond ei groen ac yn darlithio yn y Brifysgol yn ystod haf chwilboeth 1976. O'dd 'na raen ar Jero'r adag hynny cyn i'r êl fynd i'r afal â fo a'i heneiddio fo cyn ei amsar…

'Grandcher came from Bethesda,' medda Eamonn wrtha fi. 'Before he moved down South.'

'Duw, yes?' me fi. 'So did my father.'

'Is that so?' medda Eamonn, brôg Dulyn yn dew ar ei dafod o achos bod o wedi byw yna ers blynyddoedd. 'Gerald spoke fluent Welsh by the end. You'll be a fluent speaker yourself…'

'I'm fluent already!' me fi. 'I don't really understand anything else.'

★ ★ ★

Dwi'n cofio'r tro cynta esh i i wasanaeth pabyddol. O'dd Delwyn Flynn a fi wedi bod yn golchi llestri mewn gwesty yn Llandudno dros y Pasg ac mi oedd Del wedi gaddo i'w dad bysa fo'n mynd i'r eglwys i ddeud ei badar ar Sul y Pasg. O'dd o'n dipyn o sioc i hogyn anghydffurfiol diniwad fatha fi, yn enwedig pan ddechreuodd yr offeiriad ddarllan results y bingo yn ystod y cyhoeddiada. Ond o'n i wedi hen arfar â chnebrynga pabyddol erbyn hyn… O'dd Jero Jones efo fi yn angladda Terry O'Malley, Pat O'Mara, Kit O'Hagan, Joe Kelly a rheina i gyd, ond o'n i ar ben 'yn hun tro 'ma.

O'dd hi'n amlwg i mi na toedd yr offeiriad yn gwbod diawl o ddim am Jero. Dyna lle'r oedd o'n mwydro am ffydd ac argyhoeddiad dyfn yr ymadawedig pan ddechreuodd ring-tôn mobeil rhywun ganu 'We'll Keep a Welcome in the Hillsides'. Jero Jones oedd y sgeptig mwya taer welish i 'rioed ac o'dd hi'n amlwg bod o'n mynnu 'ca'l un jôc olaf bachan!'.

Yr unig Gymraeg oedd yr offeiriad yn ei wbod medda fo oedd 'Duw a digon' ond roedd teulu Jero wedi 'i siarsio fo i ddeud rwbath ynglŷn â gwladgarwch yr ymadawedig a'i ymdrechion efo'r iaith... Roedd Cymraeg mor estron yn fan hyn â bysa fo yng nghanol San Marino ne' rwla a'r gora fedra'r offeiriad neud oedd chwara recordiad o 'Bread of Heaven' wrth iddyn nhw gario'r arch allan – sy'n waeth na 'We'll Keep a Welcome' os rwbath...

Doedd gin i neb arall i rannu'r atgofion efo fi, felly dyma fi jest yn eu rhannu nhw efo Jero. O'dd Jero'n arfar deud wrtha i bod 'na fwy o bres ym manc y Fatican na fysa hyd yn oed Dan Brown yn medru 'i ddychmygu. A hwnnw'n bres y maffia hefyd rhan fwya ohono fo! Ddim bod gynno fo owns o fynadd efo rhwtsh Dan Brown. Ma' bywyd yn rhy fyr i betha felly. Diwinyddiaeth ac athroniaeth a gwleidyddiaeth a ballu: dyna o'dd petha Jero. Boi mwya siriys welish i 'rioed. Trwbwl ydi o'dd o'n rhy sensitif i fyw a'i fod o'n fwy siriys byth ynglŷn â'r êl...

Cwbwl oeddan ni'n boeni amdano fo ers talwm oedd faint o lysh fedran ni gael gafael arno fo ond erbyn hyn ma' rhei ohonon ni wedi sylweddoli faint o afael mae'r lysh wedi 'i ga'l arnon ni...

'Thirsty work, funerals,' medda'r offeiriad yn y bar ar ôl y cnebrwn. 'Especially the cremations!' medda fo gan chwerthin fatha ffŵl cyn yfad peint o SA ar ei ben. 'You'll be the comedy writer the family's been telling me about... What's your name?'

'Goronwy Jones,' medda fi. 'What's yours?'

'I'll have another glass of SA then, please,' mo. 'Thank you very much, sore! You're wicked funny, the Welsh!'

Ma' Norman brawd Jero dipyn mwy traddodiadol na'i frawd. Mae o'n mynd i'r Gymdeithas Frank Sinatra bob mis, mae o'n aelod o Cyfeillion Mynwent Cathays, ac mae o'n dal i fynd i'r eglwys bob dydd Sul yn rheolaidd am bod o wedi gaddo i'w fam. Toedd o ddim isho deud wrth y teulu ond ddaru o gyfadda i mi bod Jero wedi diodda'n ofnadwy yn ystod ei flynyddoedd ola a bod o wedi ca'l dwsina o heipos a'i ruthro i'r ysbyty dwn i'm sawl gwaith. Dyma Norman yn troi rownd i weld os o'dd yr offeiriad o gwmpas cyn cyfadda bod Jero wedi crefu arno fo fwy nag unwaith i beidio ffonio'r ysbyty a gadal iddo fo fynd… Ond fedra Norman ddim gneud hynny achos na fedra fo ddim byw efo 'i gydwybod. Ac wrth gwrs o'dd Jero 'i hun yn cael traffarth efo hynny hefyd: dim ots faint oedd o'n strancio, unwaith yn Babydd, wastad yn Babydd, dyna be 'di hanas Plant Mari i gyd, ia.

Tro dwutha welish i Jero Jones oedd o mewn cadair olwyn. Roedd o'n edrach gyn hynad â'i fam, cradur, ond yr un petha ag arfar oedd ar ei frêns o. Bob tro yn ddi-ffael pan oeddan ni yn y pyb, erbyn naw o'r gloch mi fydda'r sgwrs yn troi at Werddon a'r un hen gwestiwn. Os oedd Iesu Grist mor ofnadwy o drugarog, pam bod y Pab mor uffernol o llym? Mi ofynnodd o i'r offeiriad ryw dro sut le oedd y nefoedd…

'Ah, sore! I don't know,' medda hwnnw. 'All I can say is that I'm very much looking forward to getting there…'

Mi gladdon nhw Jero Jones y Dysgwr ym mynwent Cathays, yn yr un lle â T Rowland Hughes, ac ar ôl deng mlynadd ar hugian dyna gau pen y mwydro yn yr Heath Hotel. O'dd y chwedla i gyd ar go' a chadw, a'n job i o'dd gneud yn siŵr bod nhw'n mynd *O Law i Law*…

DIFA

Pan oedd Gwenllian 'cw
tua tair blwydd oed dyma hi'n
ista ar erchwyn y gwely rhwng cwsg ag effro ac yn gofyn:
'Dadi, o ble ydw i wedi dod?' Mi ddechreuish i ddeud wrthi
bod Dadi'n dŵad o Gynarfon a bod Mami'n dŵad o wahanol
lefydd yn Sir Gaerfyrddin achos bod Tad-cu'n arfar gweithio
yn y banc... Ond mi dorrodd y bwtan ar 'y nhraws i a dechra
dwrdio mewn rhwystredigaeth lwyr... 'Naci, Dadi! Ddim
dyna ydw i'n feddwl. O ble ydw i wedi *dod*?!'

Ma' 'na rwbath ynglŷn â phlant bach yr oed yna, does?
Rhyw ddoethinab yn eu llgada nhw fatha tasan nhw'n gwbod
rwbath na twyt ti ddim. Fatha tasan nhw'n hannar cofio
rwbath, fatha dyn sy'n deffro o freuddwyd gan gydio mewn
hannar delwedd sy'n llithro fatha sebon glyb drwy 'i ddwylo
fo gan adal dim byd ond hiraeth mawr am Duw-a-ŵyr-be
ar ei ôl. Pwy a ŵyr? Ella bod plant bach yn cofio rwbath am
lle oeddan nhw cyn dod yma ond bod nhw'n methu roid o
mewn geiria. Ac erbyn iddyn nhw ffeindio'r geiria ma' nhw
wedi anghofio be oedd gynnyn nhw i ddeud... Be wn i, ia,
fwy na neb arall, ond mae o'n gneud i chdi feddwl weithia,
yndi.

Dim ond tair blwydd oed o'n inna pan fuo farw Leila
Megane, y gantores enwog oedd yn byw yn Ben Llŷn. Mi
oedd Nain Nefyn yn ei nabod hi'n iawn – ffrindia bora oes,
mynd i'r ysgol efo'i gilydd a ballu – ac mi fydda Nain yn
gneud yn siŵr 'mod i'n gwbod ei hanas hi er na welish i 'rioed
moni. Margaret Jones oedd ei henw iawn hi, hogan o Besda'n

wreiddiol, perthyn o bell i'r hen go' meddan nhw ond dwi'm yn meddwl bysa'r difa'n cydnabod hynny. T Osborne Roberts oedd enw 'i gŵr hi ac yn rhyfadd ddigon mi oedd hwnnw'n gyfyrdar-yrdar i Taid Nefyn. Dwi'm isho i chi feddwl 'mod i'n creu balchdera na dim byd, ond ma' hi'n anodd tynnu dyn o'rwth ei dylwyth yng Nghymru yndi. Dwi'n deud dim, chwadal Wil Sam, deud ydw i.

Mi oedd T Osborne Roberts dipyn hŷn na Leila Megane medda Nain ac mi oedd gynno fo dipyn o gontacts ym myd show-bizz y cyfnod. Mi oedd o'n stiffnar o foi am sgwennu caneuon a fo nath Leila yn fyd-enwog yn union fatha nath Brian Epstein i'r Beatles. Fo nath iddi newid ei henw i rwbath mwy trendi fatha Leila Megane fel bod hi'n medru cael hit yn y 'Top Twenty'. Ma' rhei pobol yn meddwl na 'Nessum Dormat' gin Luciano Pavarotti oedd y gân opera gynta 'rioed i fynd i No. 1, ond y ffaith amdani ydi bod pobol fatha Mario Lanza a Tito Gobbi yn llenwi'r siartia tan y chwedega ac ymhell cyn dyddia Duffy mi oedd gin ti hogan o Ben Llŷn.

'Mi oedd gynni hi lais bendigedig!' medda Nain. 'Er, cofia di, mi trechish i hi yn Steddfod yr Urdd fwy nag unwaith pan oeddan ni yn yr ysgol. Do, Tad Mawr!'

Dwn i'm os ydach chi'n cofio'r math o jôcs o'dd yn cael eu hystyried yn ddoniol yn y chwedega… Petha fatha: Be yw hoff gân y Cwîn? 'Magic Moments on Phillip's Twelve Inch'. Dwi'n cofio Nain Nefyn a'i ffrindia yn eu sibrwd nhw wrth ei gilydd rhag bod hogyn diniwad fatha fi'n cael ei lygru. Chesh i ddim chwaith tan i mi ffeindio copi o *Lady Chatterley's Lover* yn y drôr yn y festri… Ond stori arall ydi honno. Toedd gin Nain druan ddim llawer o recordia ond 78rpm oedd rheini, bob un wan jac. Dwi'n ei chofio hi'n straffaglu i weindio'r hen gramaffôn yn y parlwr yn Llidiart Gwyn er mwyn i ni gael clwad Leila Megane yn canu 'Cawn orphwys yn y nefoedd'. Dwn i'm am hynny, medda fi wrth 'yn hun, a'r record yn hishan fatha'r môr yn y gro ar draeth Morfa Nefyn… Chysgith neb winc efo ryw hyrdi-gyrdi fel'na.

Dyna lle'r o'n i'n byta eis-loli ar y traeth ryw ddwrnod yn ystod 'yn holidês ha', yn meindio 'musnas a breuddwydio'r dydd yn hapus braf ac yn trio bildio castall tywod fysa'n cadw'r llanw yn 'i ôl, pan ddoth 'na ddwy o genod heibio gan sblashio dŵr môr drosta i…

'We're here for a week,' medda un ohonyn nhw wrth y llall.

'Stop sblashing the wotyr in mai ffês,' medda fi. 'Aim hear, all ear!'

'Gosh! That's amazing,' medda'r hogan. 'Where do you live?'

'Snowdown,' medda fi, pwyntio at y mynyddoedd, meddwl bysan nhw'n dallt hynny'n well na 'Cynarfon'. 'Where the trên walks up the mountain.'

'Trains don't walk – they run!' medda'r hogan.

'Mai trên is a pwff-pwff trên,' medda fi. 'She's too tired to run!'

O'dd Carole King wrthi'n canu 'It might as well rain until September' ar Radio Caroline ac o'n i'n dŵad ymlaen yn iawn efo'r genod tan ddoth brawd mawr un ohonyn nhw heibio.

'Hiya, Robyn! This is a Welsh boy,' medda'r hogan. 'Robyn is nine,' medda hi wrtha fi, a dyna pryd esh i mewn i 'nghragan. Syndod be ma' tair blynadd yn neud pan 'dach chi'r oed yna, yndi.

Dyna lle'r oedd 'Robyn' yn sefyll fel Twr Eryr yn fanna a finna fatha corrach yn ei gysgod o.

'Can I have a sip of your lolly, Welsh boy?' medda fo wrtha fi.

'Yes,' medda fi, yn llywaeth i gyd, ddim yn licio gwrthod.

'Yummy, yummy, yummy!' medda'r basdad barus gan nabio sgrag anferthol allan o'r eis–loli a 'ngadael i'n sefyll yn fanna yn teimlo fatha'r pric oedd gin i yn 'yn llaw…

Fedri di jest ddim trystio Saeson, na fedri? Ond wedyn pam dylan ni? Dwi'n gwbod bod 'na ganrifoedd maith ers pan naethon nhw'n concro ni, ond taeth y basdads byth o 'ma, dyna ydi'r trwbwl. Ma' nhw'n deud bod yr oes wedi newid a bod gynnon ni'n hawlia heddiw a ballu ac y dylian ni gau'n cega ynglŷn â'n teimlada a pheidio ar boen 'yn peth mawr â'u galw nhw'n Sais ond… Be ffwc ydan ni fod i galw nhw? Gwyddelod ydi pobol drws nesa i ni, ia, a'r Saeson yn ddim byd ond 'Neighbours from Hell'! Toes gin y rhan fwya o Saeson ddim syniad bod 'na ffasiwn beth â Chymraeg – dim rwbath sy'n fyw fel iaith bob dydd beth bynnag – a dyna lle ma' nhw'r twristiaid lartsh yn cwyno bod nhw'n teimlo'n 'excluded by the Welsh language'. Ond, dyna fo, ma' nhw'n teimlo bod nhw'n 'excluded by' bob iaith yn y byd dwi'n meddwl, ar wahân i'w hiaith eu hunain. Mi oedd 'na amsar pan oeddan ni'n cwyno am dai ha', ond toeddan ni'm yn gwbod ein geni, nag oeddan? Ma' nhw 'yma o hyd' bellach, yndyn? Welsh language lessons not included (excluding poor unsuspecting kids in rural schools). What's the point of learning Welsh? It's much more useful not to learn Spanish!

Here we all are: wish you were here. Welcome to the lovely Cleyn Peninsular! Just a football match away from Manchester City Centre if you break every speed-limit in the land. Feel free to explore the rural back lanes: Highway Code not strictly necessary...

South West Wales has been sadly overdeveloped. (See *The Remains of the De* by Kazuo Isho'i Guro and the sequel, *How the West Was Won*, at the Town Hall Cinema opposite the Welsh extremist enclave The Penlan Fawr Smugglers' Arms Hotel in the quaint seaside town, the aptly-named Pool Ellie.) But the sounds of the largely vowel-less Welsh language linger on into that good night here on the most isolated fringes of the UK. Port Madock, Cricket, Pool Ellie, Penrose, Abba-sock, Lan-bedrock, Button-hog, Ross-Irwin, Abba-darren, Ru... Just some of the wonderfully evocative place-names of the still largely undiscovered Cleyn Peninsular where the magic words of the Celtic-fringe spring from the mouths of poets. 'In days of old, when Knights were bold, in suits of shining armour, when men wore socks around their cocks...' But enough of that! At least until the annual Abba-sock carnival. Dead poets especially welcome.

Local Folklore XII – Cilan, p. 23.
Cilan is a Celtic corruption of the word 'killing'. Once upon a time, as local historians will tell you, a poet called Barti Dhu (Black Bard) did the double at the Aistedffodd, i.e. the Gaelic equivalent of doing the league and cup double in the same season. But so legend has it, the poet was sadly slain on the Killing Fields of France during the Gallic Wars and was presented with a posthumous black chair, in keeping with his bardic title, at the subsequent Aisteddfffod in Cardigan. This is a story that every schoolchild in the Cilan knows off by heart and hence the aptly-named Bard-sea Islands (daytrip's available. Local weather condition's permitting @ £100 per head + VAT).

Fydda i'n teimlo weithia na toes 'na neb o ddifri ynglŷn â dim byd yng Nghymru 'ma. Ddim gwlad ydan ni, naci? Dim ond rhyw wl-ad hoc o le sy'n gneud petha i fyny rwbath-neith-tro o ddydd i ddydd. Gwlad sy'n gwrthod cynllunio dim byd yn iawn ar wahân i gynllunio dinistr ei diwylliant ei hun. Gwlad sy'n gwadu be ydi conglfaen ein bodolaeth ni ac yn stryglo fatha golygydd y *Western Mail* i brofi bod Wales yn shwt gymint o betha eraill… fatha rygbi ac… ym… canu… ac ym… cennin pedr a ballu. Cwbwl wyt t'isho ydi Cymraeg ia, con' dwl, ac wedyn ma' gin ti bob dim yn y byd!

O'dd 'na lyfr o'r enw *Priffordd Llên* ar shilff lyfra Taid Nefyn ers talwm, efo llun o hogyn yn ista ar ochor y ffor' a sgrepan wrth ei ymyl o, yn sbio ar yr haul yn machlud yn belan o dân yn y cefndir. Dwi'm yn gwbod pam ond mi fydd llun y pererin yna yn dŵad yn ôl i mi bob hyn-a-hyn a'r emyn 'ma i'w glywad yn dŵad o'r capal bach yn fan'cw. 'Rwy'n edrych dros y brynia pell a'm haul bron mynd i lawr'… Dwi wastad wedi teimlo 'mod i ar y tu allan, ond cyn bo hir fydd 'na ddim byd i deimlo tu allan iddo fo…

Mi oedd Leila Megane wedi canu mewn tai opera dros y byd i gyd: Rhufain, Paris, Llundain, Efrog Newydd a bob man, ond, er gwaetha'r ffaith ei bod hi'n seren ryngwladol, toedd 'na ddim lol ynglŷn â hi o gwbwl, medda Nain. Dychwelyd i Ben Llŷn i fod yn Margaret Jones nath hi yn y pen draw a byw yn ddigon di-sôn-amdani am weddill ei hoes. Dwn i'm be i ddeud ynglŷn â 'Cawn orphwys yn y nefoedd' a be sy o'n blaena ni a ballu. Cwbwl wn i ydi bod gynnon ni ddigon ar 'yn plât yma rŵan hyn cyn iddyn nhw ddŵad a byta hynny o loli sy ar ôl ar y pric. Ym Mhwllheli y cynhaliwyd consart ffarwél Leila Megane ac mi gododd hi'r to meddan nhw. Tasa hi'n dod yn ôl i ben draw'r byd heddiw mi fysa hi'n gweld be 'di difa go iawn ac nad oes unman yn debyg i gartra.

MAP I DDANGOS NAD OES Y FATH BETH Â MEWNLIFIAD I GYMRU

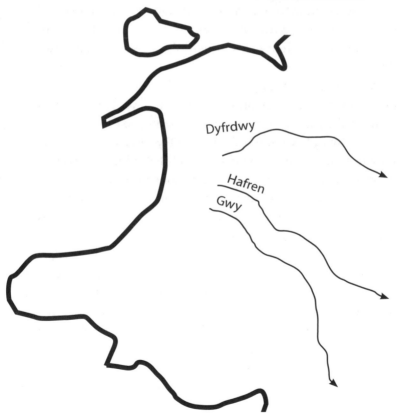

Llywodraeth Cynulliad Cymru
Welsh Assembly Government

Dyfrdwy

Hafren

Gwy

GRON FÜR EIN BURTON

Lle i ddreifio trwyddo fo ydi'r Swistir gyn bellad â ma' Bysus Begw yn y cwestiwn. Ma' isho morgej i brynu cwpanad o goffi yma ac ma'n well i chi brynu polisi go dda efo Zurich Insurance jest rhag ofn i chi dorri'r gwpan. Fysa rhaid gwerthu'r bys i ga'l aros mewn un o'u chalets cloc-cwcw nhw dros nos, ond ma'r Swistir yn wlad ddel ofnadwy ac ma' gin 'yn cwsmeriaid ni gystal hawl â neb arall i dynnu llunia o'r lle trw' ffenast y bys wrth i ni 'nelu am Awstria ne' Ffrainc ne'r Eidal ne' rwla lle fedrwch chi heirio'r chalets sgio am niwc a dima yn yr ha'.

Mi gafodd y Swistir gynnig joinio Ewrop fwy nag unwaith ond codi 'u trwyna neuthon nhw. I fod yn berffaith Franc oedd well gynnyn nhw aros yn gyfoethog na joinio'r ewro. O'dd y Swistir yn niwtral yn ystod y rhyfal hefyd ac ma' nhw'n deud 'na dyna pam ddaru Hitler ddim ymosod ar y wlad. Ond y gwir ydi bod yr hen gont yn diodda o fertigo. O'dd o'n cachu yn ei drwsus wrth feddwl am ddreifio tanc Panzer rownd hairpin-Benz y Rory Bremner Pass. Oedd o'n gymint o fertigo o'dd o'n saethu unrhyw un oedd yn dalach na fo a toedd 'na neb am fentro fflio'r Fokker dros yr Alps.

Mi oedd Clem wedi penderfynu na semi-riteirio oedd yn ei siwtio fo ora' mi oedd o'n ôl tu nôl i'r llyw. Ella bod o'n semi-sgimio pob dairy-maid ar y corneli yn Alsace-Lorraine ond mi oedd Sam yn falch iawn o'i ga'l o yn ei ôl. Teithio trw' Bavaria oeddan ni pan dynnodd Sam 'yn sylw ni at ryw horwth o gastall ar ben mynydd uchal.

'Tŷ ha' Hitler, ylwch!' medda Sam. 'Yr "Eagles' Nest", ia.'

'Wyt ti'n siŵr o dy betha rŵan, Sam?' me fi. 'Be am ei fertigo fo?'

'Gollodd o hwnnw yn yr Iseldiroedd,' medda Sam, 'pan gafodd ei fwstash o gynnig Così Fan Tutte Eva Braun!'

Ac o'r diwadd, dyma ni'n croesi'r ffin a landio yn ardal y llynnoedd. Mi fydd pobol yn gneud jôcs am y Swiss Navy am nad oes gin y wlad ddim glanna môr. Ond pwrpas y llynges yn fama ydi patrolio'r llynnoedd 'ma i gyd, ia, i neud yn siŵr bod yr holl bres rhyngwladol anghyfreithlon 'na yn cael sêff-pasej i'r Swizz Banc.

Luzern ydi un o'r llefydd tlysa yn Ewrop meddan nhw i mi. Ma' pobol yn heidio dros y byd i gyd i weld y llyn a'r mynyddoedd sydd o'i gwmpas o. Heidio i fyny'r Rigi mewn trên bach fatha lein bach yr Wyddfa ond heb y mwg fydd y rhan fwya o dwristiaid, ond i fyny'r llethra ar yr ochor arall mae Clem yn gyrru Bysus Begw. I fyny ac i fyny ac i fyny hefyd nes bod yr injan bach yn griddfan gin boen. 'Dan ni'n mynd mor ara deg ar brydia 'sat ti'n taeru bod ni'n mynd yn reverse. A tasa gin ti ddigon o gyts i sbio ar yr allt trw'r ffenast gefn mi fysat ti'n sylwi na tydi runaway-bus ddim yn syniad da iawn yn yr Alps. I'r pant y rhed y bys heb frêcs, chwadal yr hen jôc 'nno yn *Bronco* ers stalwm!

'Diolch yn fawr i chi am eich amynedd, gyfeillion!' medda Sam, ein tywysydd, pan gyrhaeddon ni'r top ymhen hir a hwyr. 'Dwi'n gwbod na tydi o ddim yn beth braf gorod gwthiad bys i fyny'r allt pan 'dach chi ar 'ych holidês, ond mewn undeb ma' nerth, ia. Mi gyfrannon ni i gyd at yr ymdrech, dyna be sy'n bwysig. Mi fydd o i gyd werth o yn y diwadd!'

Dyma Sam yn cnocio ar ddrws y cwt pren 'ma oedd yn cael ei alw'n hotel ac yn cyflwyno'r giaffar i ni...

'Dish man isht namen Ziggi! Vi gitez innen, Ziggi? Du bisht ein guten guten guide!'

O'dd Ziggi Von Trappe yn byw ar ben y mynydd tua hannar can mlynadd o nunlla, ond mi oedd ei groeso fo'n un cynnas iawn chwara teg. Dyna lle'r oedd o wedi 'i rigio'n grand yn ei het Robin Hood a'i lieder-hosen – fel bydd pob grŵp lieder go iawn. Peth cynta nath o oedd llenwi gwydyr cyn dalad â'r Matterhorn a'i roid o i Clem. Os ti'n meddwl bod yard of ale yn hir ddylsat ti weld kilometre o 'Ein Hoff Bier'! Ond waeth befo am hynny: os cymrodd hi ddwy awr i Clem ddŵad i fyny'r mynydd 'na mi a'th hwn lawr mewn un!

'Da iawn chdi'r hen Glem!' medda Sam, gan guro Clem ar ei gefn. 'Parti tric gora'r Swistir, dyna i chi be 'di hwnna, ac ma' Clem yn llwyddo bob tro. Dwn i'm lle mae o'n 'i roid o wir. Rhowch gymeradwyaeth iddo fo!'

Dyma'r pasinjyrs i gyd yn clapio fel un dyn tan i Clem golapsio'n glep ar lawr.

'Ambiwlans! Brysiwch!' medda un hen wraig.

'Lle ma' Doctor Albert Schweitzer yn byw?' medda un arall. 'Ella bysa'n well i ni yrru ci St Bernard Red Cross i chwilio amdano fo!'

'Peidiwch â phoeni,' medda Sam. 'Dipyn o altitude sickness, dyna i gyd sy arno fo. Tydi rhaffu ystrydeba'n helpu dim!'

'Wyt ti'n siŵr bod yr holl alcohol 'na'n gneud lles i'r cradur?' medda fi.

'A'th o ar y wagan am dri mis, ac o'dd o ar 'i wely anga,' medda Sam. 'Gwin y gwan ydi'r unig atab medda'r doctor. Sut ti'n meddwl do'th o o farw'n fyw?!'

Y peth da ynglŷn ag aros yng nghanol nunlla fel hyn oedd bod ni'n medru gweld diwylliant go iawn y Swistir. Dyna be o'dd brochure Bysus Begw yn ddeud eniwe a be geuthon ni oedd sioe deuluol draddodiadol. Ziggi ar yr accordion a'i wraig o, druan bach, ar yr Alpenhorn, Klauss y mab yn iodlio alawon traddodiadol yr un pryd, a Gertrude y ferch yn fflogio baria o Toblerone am ffeifar jest achos bod 'na lun o'r Eiger arnyn nhw. Adloniant? Nag oedd! Ond be o'n i fod i neud? O'dd y Von Trappes wedi'n trapio ni, toeddan.

Be sy'n digwydd i bobol sy'n mynd ar eu holidês, d'wch? Fysach chi'n taeru bod ni yn Weimar Republic ne' rwla – pawb yn dilyn y drefn fatha defaid. O'dd yr Alpenhorn yn swnio fatha eliffant yn rhechan ac oedd yr accordion yn swnio'r un ffunud â Harri Mul yn chwara 'Chopsticks' ar y piano yn y Black Boy ar nos Sadwrn. Ond oedd y pasinjyrs i gyd wrth eu bodda. Heileit y noson oedd Sioe William Tell lle roedd pawb yn lluchio cannoedd o ffrancs i mewn i'r stein tips 'ma am y fraint o gael saethu crossbow at afal oedd ar ben Grössi Von Trappe, hen wraig oedd yn ddigon hen i fod yn nain i Hitler, rhywun na fysa'n cwyno gormod tasa 'na saeth un o'r twristiaid chwil yn digwydd llithro i mewn trw' un o'i chlustia hi ac allan trw'r llall.

'Dwi'm yn siŵr be i ddeud am hyn,' medda fi wrth Sam.

'Ma'r hen wraig yn tyff, 'sti,' medda Sam. 'Ma' hi wedi byw yn y mynyddoedd ar hyd ei hoes. Fyswn i'm yn cwyno gormod taswn i chdi. Tydi hyn ddim ar y schedule swyddogol, reit? Sut ti'n meddwl bo fi'n medru fforddio talu i chdi? Ni sy'n cael hannar y mags sy'n y stein!'

Ben bora wedyn dyma Von Trappe yn torchi 'i lewys ac yn tshecio perfeddion y bys i ni cyn i ni fynd… Ond nath o ddim byd ond ysgwyd ei ben ac ochneidio yn ddyfn pan welodd o'r injan a phwyntio at ei 4x4 o'i hun.

'Das isht ein Wankel engine!' medda fo wrtha fi.

'Don't complain. It can't be worse than ours!' me fi.

Ma' 'na bedair iaith swyddogol yn y Swistir a tydw i'm yn dallt dim un wan jac ohonyn nhw. Ond os ewch chi yno ryw dro ma' rhaid i chi ddysgu un gair... Ma' 'na rei geiria sy'n ffitio ardaloedd fel manag. 'Uffernol' ydi'r gair yn Arfon 'cw. 'Andros' ydi'r gair dros y Pas. 'Jogel' ydi'r unig air saff ar y Preseli ond 'schöen'ydi'r password ffor' hyn...

O'n i'n ista tu allan i'r caban pren yn sbio ar y fiw o ben y mynydd pan dda'th y fraulein allan efo 'chydig o 'Ein Hoff Bier' cyn i mi fynd.

'Schöen, ia?' medda hi wrtha fi, pwyntio at y fiw.

'Ia, serr schöen!' me fi.

'Danke schöen,' medda hi gan roid y stein o êl i mi.

'Bitte schöen!' medda finna.

Deudwch chi 'schöen' yn y Swistir a 'dach chi'n siŵr o ffeindio rhyw 'schïan' yn rwla – oni bai bod gynnoch chi un yn barod, wrth gwrs! O'n i'n gyfarwydd iawn efo'r gair yma. Trwbwl ydi to'n i'm yn gwbod lot o eiria erill. O'n i wedi sincio dwy stein anfarth tra ro'n i'n disgwl i bawb ddŵad at y bys ac oedd hi'n amsar i mi dalu amdanyn nhw. Dyma fi'n tynnu sylw'r fraulein wrth y bar, dangos dau fys a gweiddi 'Zwei bier!' arni, cystal â deud 'ga' i dalu'. 'Ia!' medda hitha a throi ar ei sawdl i nôl y bil – ne' dyna o'n i'n feddwl beth bynnag, nes i'r astan wirion ddŵad yn ei hôl efo dwy blydi stein arall o gwrw!

'Be ddiawl ti'n feddwl ti'n neud?' medda Sam yn flin. 'Twyt ti 'rioed wedi ordro dau beint arall?'

'Dipyn o "Dutch Courage", dyna o'n i'n feddwl,' me fi.

'Wyt ti'n siŵr bydd brêcs y bys yn dal ar y ffordd i lawr?'

'Ddeuda i wrthat ti be,' medda Sam. 'Gad i Clem ga'l y cwrw 'na... Fydd o'n dreifio r-êl boi wedyn!'

Oeddan ni wrthi'n teithio'n braf ar hyd glanna Llyn Luzern ar 'yn ffordd i Chamonix-minus-eira pan ddaru Sam dynnu'n sylw ni at dŷ crand iawn ar ben y llyn... Tŷ ha' Richard Burton a Lisabeth Taylor. Dyma'r defaid i gyd yn tynnu 'u

Polaroids allan o'u pocedi a snapio'n wyllt fatha tasa 'na ddim fory i ga'l.

'Ydach chi'n cofio *Where Eagles Dare*, ffilm Richard Burton?' medda Sam. 'Mi fydda'r hen gradur yn cael pwl o hiraeth weithia ac mi fydda fo'n mynd yn ôl i Bontrhydyfen a'i wraig glamorous o efo fo. Ond, yn unol â thraddodiada gora'r Cwm mi fydda fo'n gadal ei wraig adra yn y tŷ gyda'r nos i weu jympyrs efo 'i fam tra oedd o'n mynd allan am beint efo'r hogia. Dyna lle'r oedd o yn sefyll wrth y bar un noson yn disgwl i gael ei syrfio… Disgwl, a disgwl, a disgwl… Mi gafodd o lond bol yn y diwadd ac mi fentrodd godi 'i lais a gofyn "Oes 'na jans am beint yma, oes?" Nath y barman ddim lol, dim ond troi rownd a deud wrtho fo, "Gei di witsiad dy dwrn fatha bob un arall, Ritchie Jenkins!"'

Gwitsiad oedd hanas Ritchie yn y Swistir hefyd, gyn bellad â bod ei dŷ ha' fo yn y cwestiwn. Gewch chi ddeud be liciwch chi am y Swiss ond ma' nhw'n ofalus iawn o'u gwlad a'u pobol eu hunain. Dim ots pwy ydach chi na pha mor gyfoethog ydach chi chwaith. Gewch chi fildio tŷ yno os liciwch chi, ond chewch chi byth bythoedd fod yn berchen ar y tir sy odano fo…

BUREAU DE CHANGE

'Wy'n lico'r ddelwedd o fws ar daith hyn s'da ti,' medda Siân.

'Be 'di "delwedd", del?' me fi.

'Llun,' medda Siân. 'Falle dylet ti ddatblygu fe.'

'Wyt ti wedi gweld y stad sy ar Bysus Begw do?' me fi. 'Ma' 'na fwy o iechyd a diogelwch ar y Maes yn Dre 'cw ar nos Sadwrn... Cadw'n glir ydi gora i mi o hyn ymlaen dwi'n meddwl!'

O'n i wedi cadw mewn cysylltiad efo Sam Cei ac mi godish i 'nghlustia pan ddeudodd o wrtha i bod nhw wedi trwsio injan y bys a'u bod nhw wedi trefnu taith 'Transylvanian Treasures'... Ond pan glywish i bod hynny'n golygu trafaelio'r holl ffor' i Buch-arrest fuo jest i mi ga'l Cardillac arrest ac mi wrthodish i'r job tra medrwn i.

Ond meddwl yn nherma taith wleidyddol Cymru oedd Siân. Ydach chi'n cofio'r taeru hwnnw ers talwm ynglŷn â lle dylia'r Senedd fod? O'dd 'na rei yn ffafrio Machynllath achos Owain Glyndŵr, o'dd 'na rei erill o blaid Aberystwyth achos bod o reit yn y canol ac mi o'dd y Swansea Jacks isho Abertawe jest er mwyn sbeitio Caerdydd. O'dd y bobol galla o blaid Cynarfon am resyma amlwg ond wedyn mi ga'th y boi 'ma brên-wêf ac mi sgwennodd i *Golwg* i awgrymu dyla'r Senedd deithio o gwmpas y wlad yn rheolaidd fel bod pawb yng Nghymru'n cael teimlo bod hi'n perthyn iddyn nhw. Dwi'm yn cofio pwy oedd y boi ond mi oedd o'n gwbwl grediniol bysan ni'n medru rhedag Cymru o grombil hen fys dybldecar Clynnog and Trefor… Dipyn bach yn anghyffyrddus i'r AMs ella ond meddyliwch am y manteision. Fysan nhw'n medru torchi'u llewys a gneud dipyn bach o public works yn hytrach na malu cachu yn y siambar trw'r dydd, stopio ar y ffordd i ailbeintio'r sein 'Cofiwch Tryweryn' 'na tu allan i Aberystwyth a ballu ac arbad cannoedd o filoedd i'r genedl. Ond penderfynu yn erbyn nath y Cynulliad yn diwadd, ac ma'n rhaid cyfadda bod 'na snags. Be tasan nhw'n parcio'r bys yn Merthyr dros nos, fysa gynnyn nhw ddim teiar i sefyll arno fo erbyn y bora na fysa…

'Paid iwso hen ddelwedde o'r Cynulliad,' medda Siân. 'Ma' pethe wedi symud 'mla'n nawr…'

'Yndyn, i ddosbarth canol Caerdydd ella,' medda fi. 'Nhw sy'n cael bob dim, ia. Dwi'm yn gwbod amdana chdi ond mi dwi yn erbyn "Capital Gains"! Ma' petha'n rhacs jibidêrs yn y Fro Gymraeg yndi?'

'Shwt ma'r llyfyr yn mynd?' medda Siân, trio creu daufersiwn fel arfar.

'Pa 'run?' medda fi. 'Sgwennish i gomic am sensoriaeth do, ac mi ddaru pawb ei anwybyddu fo…'

'Llwyddiant byddwn i'n galw 'nny!' medda Siân a ffwr' â hi i'r banc…

Dyna lle'r o'n i'n sefyll ar yr Hayes yn Gaerdydd yn gwatshiad y craenia oedd wrthi'n cnocio'r lle lawr yn dipia mân er mwyn i neud o'n le gwell. O'n i'n darllan yn yr *Echo* bod Joan Collins yn gandryll ulw racs ynglŷn â'r ewro am bod o wedi chwyddo costa rhedag tŷ ha' yr hen dlawd yn St Tropez, ac mi oedd Arnold Schwarzen-hegar yn cytuno bod yr ewro yn 'activity un-American' fel bydden nhw'n deud ym Mangor.

'Pawb â'i fys lle bo'i ddolar, ia?' medda fi wrth Siân pan gyrhaeddodd hi efo llond walet o bres ar gyfer ei thaith ffeindio ffeithia ddiweddara yn Upper Silesia ne' rwla. 'Blydi niwsans gorod newid pres fel hyn trw'r amsar, yndi? Os wyt ti mor selog o blaid Ewrop pam na twyt ti ddim o blaid joinio'r ewro?'

'Sdim rhaid i'r Blaid ateb cwestiyne fel 'na ar hyn o bryd!' medda Siân. 'Ces i 1.35 ewro am bunt heddi, drych... So 'nny'n ffôl o gwbwl!'

Oedd hwylia Siân ar 'i fyny achos bod yna sôn am ail refferendwm ym mhob gwlad oedd wedi gwrthod cytundeb Lisbon, er mwyn i bobol gael 'ailystyriad' pa beth a wnaethant...

'Syniad da iawn!' medda fi wrth Siân. 'Be tasan ni'n mynd yn ôl i Lisbon ac ailchwara'r gêms ffwtbol cwpan Ewrop i gyd? Ella bysa Cymru'n cwaliffeio tro nesa!'

Ddeudodd Siân ddim byd ond roedd y gair 'gwamal' wedi 'i sgwennu ar hyd ei gwynab hi.

'Sdim ishe bod yn sinigedd nawr, o's e?' medda hi yn y diwadd. 'All y prosiect Ewropeaidd fod yn noddfa ac yn nerth i tithe 'fyd, t'wel. Os wyt ti moyn i bethe aros yr un fath, bydd rhaid i bethe newid...'

DRWS DYCHYMYG

Negeseuon testun oddi wrth Siân Arianrhod Pugh o Borth Brandenburg, Berlin

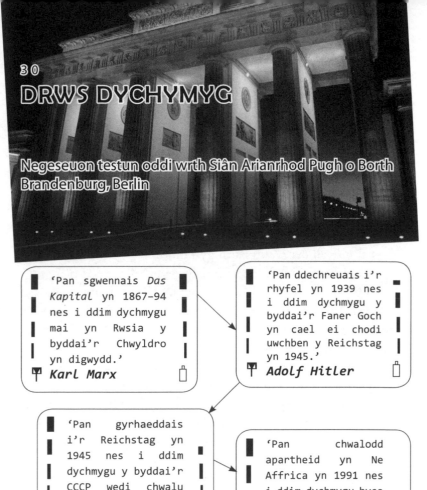

'Pan sgwennais *Das Kapital* yn 1867–94 nes i ddim dychmygu mai yn Rwsia y byddai'r Chwyldro yn digwydd.'
Karl Marx

'Pan ddechreuais i'r rhyfel yn 1939 nes i ddim dychmygu y byddai'r Faner Goch yn cael ei chodi uwchben y Reichstag yn 1945.'
Adolf Hitler

'Pan gyrhaeddais i'r Reichstag yn 1945 nes i ddim dychmygu y byddai'r CCCP wedi chwalu erbyn 1982.'
Joe Stalin

'Pan chwalodd apartheid yn Ne Affrica yn 1991 nes i ddim dychmygu bysa Comiwnyddiaeth wedi dod i ben yn Rwsia yn yr un flwyddyn.'
Nelson Mandela

'Gesa beth wy i'n mynd i neud pan ddo i gartre?'
Siân

'Fedra i ddim dychmygu.'
Gron

'THE IRON CHANCELLOR'

'Vote Plaid Twice!' oedd o'n ddeud ar y placard oedd Siân newydd ei sodro yn yr ardd o flaen y tŷ.

'Fotio ddwywaith?' me fi. 'Ydi hynny ddim yn erbyn y gyfraith?'

'Un groes i'r sedd ac un i'r rhester, ife?' medda Siân. 'Nag wyt ti'n dyall cynrychiolaeth gyfrannol?'

'Dwi ddim hyd yn oed yn dallt y geiria!' medda fi.

'Hmm...' medda Siân yn feddylgar, gan dynnu'r placard i lawr. 'Falle bo pwynt 'da ti man 'na. Ma' ishe i ni feddwl mwy am y pleidleiswyr cyffredin, on'd o's e? A, let's face it, sneb lot mwy cyffredin na ti!'

Roedd Siân Arianrhod Pugh wedi laru cnocio 'i phen yn erbyn wal frics a cholli etholiad ar ôl etholiad ac roedd hi wedi 'dŵad i benderfyniad'. Os oedd y Blaid Bach isho ennill tir mi fysa'n rhaid ei hailfrandio hi. Ystyr brandio i rywun fatha fi ydi gosod nod ar ben-ôl buwch fel bydda Rowdy Yates yn neud ar *Rawhide* ers talwm. Dyna'n union oedd gin Siân mewn golwg hefyd, medda hi, 'blaw bod isho triniaeth mwy drastig o'r hannar ar y Blaid – dim byd llai na phrocar poeth i fyny 'i phen-ôl hi!

Dyma Siân yn trefnu cyfarfod i drafod ei syniada, ond roedd y newidiada oedd gynni hi mewn golwg mor chwyldroadol oedd gynni hi ofn be fysa ymateb yr aelodau erill, ac mi fynnodd 'mod i'n mynd efo hi. O'n i'n teimlo fatha dipyn bach o henchman deud gwir, fatha 'heavy' mewn ffilm gangstar, ia. Ond dyna fo, fysa fo mo'r tro cynta yn hanas y Blaid Bach. O'dd rhywun yn deud bod Murray the

Hump, un o henchmen Alc ap Ôn, yn gefndar cyfa' i Dafydd Wigley.

Tri phen oedd i bregath Siân: yn gynta, roedd hi'n teimlo'n gry' iawn bod delwedd y Blaid yn rhy ymosodol a bod rhaid cael gwarad o'r Triban. Mi lewygodd Lenna Llŷn yn y fan a'r lle. Roedd hi'n cofio'r Triban yn cael ei eni yn 1925 medda hi. Logo newydd? Oeddan ni i gyd wedi mynd yn loco? Roedd y Triban yn sanctaidd iddi hi! Ailfrandio'r Blaid, ddeudoch chi? Fuesh i wrthi am hannar awr yn trio ailfrandio 'rhen graduras efo potal o Courvoisier! Ond mi oedd y rhan fwya o bobol yn cytuno efo Siân. Mi roedd Ben Bach yn meddwl bod y Triban yn atgoffa pobol o felltith militaraidd y Trident. Ond tybad be fysan nhw'n ei roid yn ei le fo? Doedd dim rhaid iddo fo ofyn ddwywaith: dyma Siân yn dangos logo roedd hi wedi 'i baratoi yn barod…

'Ni i gyd yn gyfarwydd â'r "Flower of Scotland" on'd y'n ni?' medda Siân. 'Ond faint ohonon ni sy'n gwbod am y "Flower of Wales"?'

Chymrodd hi ddim chwinciad chwannan i bawb gytuno'n unfryd unfarn na'r Pabi Melyn Cymreig fysa'r logo newydd. Ddeudish i ddim byd. Meindio Siân a meindio 'musnas o'dd 'yn rôl i heddiw 'ma, ia.

'Ond be tasa Cymdeithas yr Iaith yn ffeirio Tafod y Ddraig am bopi coch y British Legion?' medda Lenna Llŷn. 'Ella bod y Triban yn edrach fatha baj y Comisiwn Coedwigaeth ond oedd o'n well na blodyn-piso'n-gwely!'

'Dant-de-leon, Lenna! Delwedd fodern, naws Ewropeaidd, ontife?' medda Siân. 'Ond daliwch sownd nawr, sa i wedi bennu 'to!'

Plaid Cymru: The Party of Wales oedd enw'r Blaid ers sbel bellach ond oedd hynny'n ormod o lond ceg i'w roid ar logo siŵr iawn, a'r teimlad oedd bysa jest 'Plaid' yn ddigon…

'Dwi'm yn meddwl bo chi'n mynd yn ddigon pell,' medda fi, dechra laru braidd erbyn hyn. 'Pam na alwch chi'ch hunain yn "Pla"?'

'Ie, ie! Doniol iawn,' medda Ben. 'Bydde 'nny ddim yn neud lot o les i'r "–id", bydde fe?'

O'dd Siân wedi bod yn anarferol o ddistaw ers sbel ond yn syth ar ôl i bawb logio'r logo newydd dyma hi'n llamu ar ei thraed a chyhoeddi ei 'grande idée' – sef newid delwedd ein harweinydd a'n harbenigwr economaidd... Ar ôl treulio hannar awr yn canmol Ieuan Wyn Jones, dyma hi'n awgrymu'n gry' na'r cwbwl oedd isho neud oedd newid rom bach ar ei ddelwedd o. Be tasan nhw'n gwario pres ewyllys y boi 'na o Llambed, heirio gwasanaeth y deinamic duo Trinny a Susannah a gneud dyn newydd sbon ohono fo?

1 Newid ei osgo à la Sarkozy

2 Dyfnhau ei lais à la Baritone Bryn

3 Newid ei steil areithio: dipyn o pynsh à la Joe Calzhage

4 Ond, yn bwysicaf oll, newid y ffordd yr ydan ni'n ynganu ei enw. Onid oedd hi'n hen bryd i ni gydnabod y ffaith nag oes gan y rhan fwyaf o bobol di-Gymraeg ddim ffycin cliw sut i ynganu'r gair 'Ieuan'?

For 'Ieuan' see 'Iron'!

Ochneidiodd y pwyllgor fel un gŵr. Roedd hyn yn briliant, yn athrylithgar, yn chwyldroadol! Dim ond rhywun fatha Siân fysa wedi meddwl am y ffasiwn beth!

'Hai! I'm Iron, solid Iron. Proper steel for the people of Wales!'

Ac myn diawl, mi weithiodd o!

'Shrewd tactician' medda'r *Daily Post*.

'Sharp political operator' medda'r *Western Mail*.

O'dd 'na gymint o blacards Plaid yng ngerddi'r tai o'dd y strydoedd yn edrach fel national ffrynt! Ac fel hyn y trowyd yr hen Ieuan Winj yn Superman anorchfygol dros nos. Nid gwleidydd cyffredin mohono bellach ond IRON WIN!!

DREIFIO MEWN GÊR NIWTRAL

CROES I'R GRAEN

Y Dyn Dŵad yn Bwrw'i Bleidlais ar Fai 3ydd 2007

Goronwy Jones, fel dyn yn y stryd, beth yw'ch barn chi am y Cynulliad Cenedlaethol?

'Dio'n da i ddim byd i neb.

Dewch 'mla'n nawr! Allech chi ddim bod tam' bach mwy positif?

OK, iawn! Dwi'n *positif* na tydi o'n da i ddim byd. Yr A-semblance fydda i'n 'i alw fo. Tydi o ddim byd tebyg i Senedd, nadi? Oeddan ni i gyd yn chwifio ein baneri ar ôl uffarendwm 1997 ond sawl pentra Cymraeg sy wedi marw ers hynny? Does 'na neb yn sôn am y peth yn y Cynulliad heb sôn am neud dim byd amdano fo. Be sy wedi digwydd mewn deng mlynadd? Dim Deddf Iaith, dim Deddf Eiddo, dim Coleg Cymraeg, dim byd.

Ie, ond ma'r pleidie i gyd o blaid yr iaith nawr! Ma' pethe'n gwella gan bwyll bach…

Wyt ti'n byw yn yr un wlad â fi wyt? Ma' Cymraeg yn marw bob dydd, ond cwbwl ma'r Cynulliad yn neud ydi chwilio am fwy a mwy o esgusodion i beidio neud dim byd. Be 'di pwrpas Bwrdd Iaith? Gadal bob dim ar y bwrdd, ia? Tydi'r llywodraeth ddim ar fwriad rhoid hawlia cyfartal i'r Cymro yn ei wlad ei hun. Os na peth fel yna ydi hunanlywodraeth fysa waeth gin i ga'l 'y ngormesu gin Saeson ddim.

Beth ymbytu'r economi, 'te? So chi'n credu bo'r Cynulliad wedi neud gwahaniaeth?

Sgin ti jôc arall, oes? Ma'r cops newydd gau ffatri ganabis ym Mhendyrus – honna oedd yr unig ffatri ar ôl yn y Rhondda meddan nhw. Dwn i'm be ddigwyddodd i'r pres 'na o Ewrop… 'AMCAN UN?' medda'r llefarydd swyddogol. 'Sdim UN AMCAN 'da fi! Ond y newyddion da yw bo Prince Charles wedi prynu tŷ yn Llanymddyfri a bo fe'n prynu 'i boiled ham ym marchnad Caerfyrddin!' Faint o dai sy'n ddigon i Carlo? Pam bod yr hogia'n gorod talu amdanyn nhw? Braf bod yn gyfoethog ma siŵr, yndi? Gwerthu tŷ yn Llundain a phrynu pentra cyfa' yng Ngheredigio. Be 'di'r pwynt sglaffio canapês yng nghyntedd y Cynulliad tra bod dy wlad di'n ca'l ei byta'n fyw?

Beth y'ch chi'n credu yw'r ateb?

Agor super-casino ym mhob tre yng Nghymru. Ma'r Tessa Jawl 'na wedi 'i gweld hi! Yr unig ffor' i ga'l economi iach ydi gneud yn siŵr bod pobol na fedar mo'i fforddio fo yn llenwi one-man-bandits pobol gyfoethog. Mi fedar y bobol gyfoethog fildio mwy o gasinos wedyn a chreu chwanag o jobsus ceiniog a dima i bobol dlawd.

Chi'n siarad dwli nawr!

Fel'na ma'r farchnad yn gweithio! Welist ti fyjet Godro'n Brown, do? Godro'r tlawd a'i roid o i'r cyfoethog. Sut fedar gwlad dlawd fatha Cymru fforddio rwbath fatha Trident? Ma'n ysbytai ni'n gwegian a'n dannadd ni'n pydru ond ma' nhw'n dal i ddisgwyl i ni dalu am Blairaq, Blairan ne' Blair bynnag arall nawn–ni–fomio–nesa...

Chi'n crwydro. Nage refferendwm ar Iraq yw hwn.

Fyswn i ddim mor siŵr ynglŷn â hynny, washi! Fedri di'm cadw Cymro tu ôl i walia cul Cynulliad, 'sti. Fydda i'n meddwl am Werddon reit amal dyddia yma. Gneud i chdi feddwl sut ma' nhw wedi mynd mor bell â nhwtha mewn gêr niwtral...

Annibyniaeth? Sneb yn cymryd 'na o ddifri man hyn!

Na, ti'n iawn! O'dd gwledydd bach annibynnol yn betha da iawn pan oedd Rwsia a Iwgoslafia a rheina'n chwalu. O'dd isho gwledydd fatha Lithwania a Slofenia a rheina i lenwi'r llefydd gwag yn Ewrop, doedd? Ond ma' nhw'n deud bod 'na ormod o wledydd erbyn hyn a bod y byd yn dechra sigo dan y pwysa. Fel deudodd yr Hain Peter, ein hysgrifennydd gwladol, yn ddiweddar: ella na dim ond gwlad bitw bach ydi Cymru ond mi fysa pob cyfandir dan yr haul yn sinco dan y môr tasan ni byth yn mynd yn annibynnol.

Falle bo hwn yn gwestiwn dwl ond ga' i fentro gofyn... Ydych chi'n mynd i bleidleisio, 'te?

Be ti'n meddwl ydw i – ffŵl? Wrth gwrs 'mod i'n mynd i bleidleisio. Ma' politishans i gyd yn iwsles ond ma' rhei ohonyn nhw'n llai iwsles na'i gilydd. Be nei di efo anghyfiawnder ond trio 'i blincin wel newid o, ia? Ma'r banio smocio mewn llefydd cyhoeddus 'ma yn gam i'r cyfeiriad iawn. Does gin y wraig ddim esgus i beidio dŵad am beint efo fi bellach.

AR BEN Y BYD

GWAHODDIAD

Estynnir gwahoddiad i chi i barti dathlu ethol y

Dr Ben J Howells

yn Aelod o Gynulliad Cenedlaethol Cymru

dros etholaeth Canolbarth Cambria

[See the reverse for the Welsh version of this invitation]

Ewch i mewn i'w byrth ef a diolch! Hwn oedd y digwyddiad mwya cyffrous yn hanas y Blaid ers ethol Gwynfor Evans tro cynta rownd. Dyna lle'r oedd Ben Bach yn gweddïo efo 'i holl enaid bysa rhei o'i fêts o'n colli 'i sedda fel bod o'n medru mynd i mewn ar y rhestr.

'Ydi hynna'n deg?' medda fi wrth Lun. 'Bod chi'n dymuno drwg i'ch mêts jest er mwyn 'ych lles 'ych hun?'

'Teg?' medda Lun. 'So tegwch ddim byd i neud â fe. O'dd Ben a fi yn banco ar hyn!' Roedd pawb yn gytûn nad oedd ethol Ben Bach yn ddim llai na gwyrth, ond y wyrth fwya i gyd o'dd bod y Blaid Bach mewn sefyllfa i gipio grym. Roedd petha'n dynn iawn rhwng y pleidia yn y Cynulliad ac roedd Siân fel gafr ar drana am wsnosa... Pwy oedd yn mynd i gael rheoli llywodraeth Cymru? Dwn i'm be roth hi yn niod y Lib Dems ond mi droion nhw'n Libs Demented dros nos a gwrthod cadw Llafur mewn grym... Roedd y ffordd yn glir i'r Blaid Bach wedyn i ddewis efo pwy oedda nhw isho chwarae…

'Perm any three from four oedd hi,' medda Siân, yn union fatha tasa nhw'n gneud y pŵls ne' rwbath myn uffar i. Mi fuodd y Blaid yn chwara efo'r syniad o ganu 'Rhwle draw dros yr Enfys' a rhannu gwely efo'r Toris a'r Lib Dems, ond callio neuthon nhw, diolch i Dduw. Fysa fo ddim yn syniad da iawn troi'r Cynulliad yn Shirley Temple, na fysa? [Nage Judy Garland y'ch chi'n feddwl? Gol.] [*Paid â sbwylio'r jôc! Gron*]

O'dd Ben ar ben y byd ond oedd y byd ar ben i bobol erill. Nath Rho-dream Organ ddim breuddwydio bysa hyn byth yn digwydd iddo fo – gorod rhannu grym efo'r unpalatable, inedible pla a elwir Plaid. O'dd o'n gyndyn uffernol o ysgwyd llaw efo nhw drannoeth y cytundeb jest rhag ofn iddo fo ddal ffliw'r moch ne' rwbath, 'ngwash i. Ond dyna fo, chwara teg. O'dd cerdyn aelodaeth y Blaid Lafur wedi bod yn basport i rym absolutely fabulous ers cymaint o amsar… Pa fodd y cwympodd y cerdyn?

'Pa fodd y collodd Capten Morgan ei rym?' O'n i'n meddwl bysa hyn wedi gneud drama dda iawn i'r teledu ond toedd neb isho gwbod. Sebon a sebonc ydi'r cwbwl fedran nhw fanijo yn Gymraeg dyddia yma. Toes gin neb ddiddordeb mewn petha trwm meddan nhw. 'Trwm?' medda fi. 'Comedi pur ydi peth fel hyn.' Ond toedd neb fel tasan nhw'n gweld y jôc. Ti'n cofio'r grŵp roc hwnnw, Ten Years After? Toes 'na neb isho gneud drama am unrhyw bwnc llosg nes bod o'n ddigon stêl i'w alw'n hanas sy'n ddigon diniwad i'w ddangos ar *Cofio*.

'Dere 'mla'n, Gron! Beth sy'n bod 'not ti?' medda Siân. 'Y'n ni wedi bod yn dishgwl ers ache am yr eiliad hyn. 'Na'n siŵr bo ti'n joio fe!'

Chwara teg i Siân – ei pharti hi oedd o heno yn gymint os nad mwy na neb arall. O'dd o'n benllanw ar lot o betha ma'n siŵr a to'n i'm yn gwbod yn iawn be o'dd yn bod arna fi. Pan 'dach chi'n clwad bod Niwl Lebor wedi cael cic yn ei thin ma'ch calon chi'n llamu o lawenydd fel arfar, yndi? Hoelan arall yn arch y Brits medda chi wrth 'ych hun, ymlaen â'r chwyldro a ballu. Ond pan 'dach chi'n nabod AM newydd yn bersonol, tydi petha ddim cweit mor syml â hynny… Be fysach chi'n galw aeloda sy heb gael eu hethol – etholedig rai ma' siŵr, ia… O'n i'n medru gweld y llunia cyn iddyn nhw gael eu tynnu: tudalen flaen *OK! Magazine* – 'Ben and Lynne Howells, the sexiest pair in Welsh Politics'. Pwy fysa'n medru diodda hynny?

ASK ELUNED

CWMNI'R AST DDRWG

YN CYFLWYNO:
'HOLI HWN A HOLI HON'...

Yr wythnos hon: Lynne J Howells,
gwraig yr AC Ben J Howells;
gwraig sydd wedi torri ei chŵys
ei hun gan ymddangos ar restr hir
'Gwraig Busnes y Flwyddyn' eleni.

Fy hoff westy:

La Presidencia – gwesty hudol Richard Rancid yng nghesail y Tramontana yn Majorca. Anodd credu nad yw ond nepell yn unig o jyngl-concrit Palma Nova! Tro dwetha roedden ni yno cawsom gwmni Ricardo ei hun mewn caffi bach yn Deia. Gŵr hyfryd nad yw cyfoeth wedi newid dim arno. Aderyn o'r unlliw â ninnau...

Dydw i byth yn teithio heb:

Ben, fy ngŵr. Ben yw'r person mwyaf difyr a deallus rwyf yn ei adnabod ac mae yntau yn teimlo'n gwmws yr un peth amdana i! Na, i fod o ddifri. Aloe Vera: y balm o dan y palmwydd wedi egwyl yn yr haul. Mae rhai pobol yn dweud fy mod yn dishgwl yn ifanc am fy oed. Sa i'n gwbod am hynny ond rwyf bob amser wedi dishgwl ar ôl fy nghro'n fy hun.

Y lle mwya rhamantaidd bues i ynddo erioed:

Priodas Ceidrych a Chelsea yn y Seychelles. On'd yw hynny'n swno fel cynghanedd berffaith? Cyfarfu'r ddau yn y coleg yn Rhydychen ac fe gwympon nhw mewn cariad ar yr olwg gyntaf. Drwy gyd-ddigwyddiad anhygoel mae Chelsea yn ferch i aelod seneddol Ceidwadol o dde Lloegr sydd â chefndir cyfreithiol yn gymws fel Ceid. Nage bo fi'n credu miwn ffawd ond ma' fe'n hala chi feddwl weithie, on'd yw e?

Fy nhrip nesaf:

Pa le, pa fodd dechreuaf? Ma'n rhaid i mi gyfadde fy mod yn casglu gwledydd fel mae rhai pobol yn casglu llyfre. Nage bo lot o lyfre i gael gyda ni gan fod y llwch yn effeithio'n ddrwg iawn ar asthma Bet yr ast 'co. Roedd arfer bod wanderlust ofnadw 'no i ond nawr bo fi'n mynd i rwle yn fy ngyrfa rwyf yn ddigon bodlon sefyll gatre i helpu'r economi. Mae Menter Canolbarth Cambria yn cyflogi ugen o bobol erbyn hyn ac mae Ben a finnau yn gwneud ymdrech arbennig i ledu'n gorwelion yn bellach na'r Med y dyddiau hyn er mwyn casglu syniadau byd-eang.

Fy mhryd mwyaf bythgofiadwy:

Rwyf yn lwcus iawn bod Ben fy ngŵr yn dipyn o gourmet ac yn dipyn o gogydd hefyd os ca' i ddweud. Watshwch mas am y gyfres nesa o *Casa Dudley*! Sa i'n siŵr… Yr wystrys 'nny ar y traeth yn Tahiti o bosib ar achlysur ein priodas arian… Ond wedyn mae'r prydau bach mwyaf syml yn boddhau dyn ar adegau fel 'nny, on'd y'n nhw? Anghofia i byth mo'r stiffado bach hyfryd hwnnw ces i 'da Ben ar ynys Creta yn ystod ein mis mêl.

Sut byddech chi yn newid Cymru?:

Fydden i ddim yn newid Cymru am brish yn y byd! Mae'n hyfryd cael rhannu ein hamser rhwng cefen gwlad Cymru a'r brifddinas. Mae rial buzz yng Nghaerdydd dyddie hyn.

Beth yw eich barn am y mesur iaith newydd?:

Mae pawb sy'n f'adnabod i a Ben yn gwybod pwy mor gefnogol y'n ni i'r iaith Gymraeg. Proses yw statws a'r hyn sy'n bwysig nawr yw ein bod yn defnyddio'r hawliau sydd gennym gan annog yn hytrach na gorfodi. Credaf yn gryf taw camgymeriad fyddai gosod y Gymraeg fel baich ar fyd busnes yn yr hinsawdd economaidd sydd ohoni.

Sut brofiad oedd cael croesawu'r Tywysog i Fenter Canolbarth Cambria?:

Mae'r Tywysog yn ddyn hyfryd iawn ac yn hael ofnadw â'i amser hefyd. Mae'n cymryd ei ddyletswyddau tuag at Gymru o ddifri gan gynnwys ymgartrefu yn ein plith am gyfnodau estynedig yn ystod y flwyddyn. Proses yw datganoli ac mae rhaid i ni beidio anghofio mai tywysogaeth ydym ar hyn o bryd. Pwy yn ei iawn bwyll fyddai'n gwrthod sêl bendith Tywysog Cymru ar ei fusnes? Dim ond pobol yw'r teulu brenhinol fel unrhyw un arall ac mae'n bwysig ein bod yn cadw mewn cysylltiad agos â hwy er lles pobol Cymru. Gyda golwg ar hynny bydd Ben a finnau yn galw am ddisgled yn Clarence House bob tro yr ydym yn Llundain.

Beth yw eich dymuniad pennaf?:

Hoffwn petai Cymru'n newid ei hagwedd tuag at fyd busnes. Mae pobol cyfandir Ewrop yn ymfalchïo mewn gwasanaethu a chroesawu pobol o bob rhan o'r byd. Mae dyfodol twristiaeth Cymru yn un disglair os ydym yn fodlon mabwysiadu'r agweddau iawn. Mae gyda ni rai o'r golygfeydd a'r bwydydd gorau yn y byd. Mae'n rhaid i ni ddysgu rhannu yr hyn sydd gennym, gwneud yn fawr o'n hadnoddau naturiol yn ogystal â chyflwyno'n gwlad ar blât.

Fy mhleser pennaf yw…:

Fy wyresau bach ym Mrwsel! Mae Ceidrych a Chelsea yn mwynhau pob munud o'u bywyd diplomyddol yn Ewrop ac mae Ben a finnau yn dwlu ymweld â nhw mor amled â phosib. Mae Marie-Claire a Sylvie-Annette yn rhugl mewn Ffrangeg yn ogystal â Saesneg ac mae Ceidrych yn siarad Cymraeg â nhw pryd bynnag y gall… Ond dyw pethau ddim yn rhwydd pan ma' rhywun yn byw ar y cyfandir, a'r oriau gwaith a'r teithio yn bwyta cyment o amser dyn. Fel wedodd Ceidrych, yr hyn sy'n bwysig yw eu bod yn ymwybodol o'u tras Gymreig. Mae'n mynnu eu bod yn gwisgo crysau coch Llanelli bob Dydd Gŵyl Dewi ac mae hynny'n plesio'i dad yn fawr iawn!

Y BYD AR BEN

CWPAN RYGBI'R BYD
CYFWELIAD ARBENNIG GYDA TWM O'R NANTES

TWM: *Wel, wel, wel! Allan enfants de la patrie. Pa fodd y cwmpodd Ynys y Cedyrn? Methiant arwrol arall. Beth yn gwmws ddigwyddodd?*

Gêm o ddou hanner oedd hi. Troiodd i gyd o'r bois mas a rhoi cant a deg y cant, gofyn cwestiyne o'r amddiffyn a trial dominyddu'r gêm ond oedd e ddim yn ddigon ar ddiwedd y dydd.

TWM: *Odyn ni'n ddigon da ar y lefel hyn?*

So'r sgorfwrdd yn gweud celwydd. Dodi pwyntie ar y bwrdd, 'na beth ma' fe gyd ymbytu ar y lefel hyn. Os yw'r pum bla'n yn dodi dwylo lan, a'r rheng ôl yn cliro fe mas, 'na i gyd s'da ti neud wedyn yw croesi'r llinell fantes, dod â coese ffresh ar y cae a 'na fe. So Hookie'n misho o man 'na, t'wel.

TWM: *Ie, ond fe nath e...*

Do, wel, ma' whare gatre'n werth deg pwynt cyn i ti ddechre ond yn anffodus whare bant o'n ni heddi. Ac, wrth gwrs, so ti'n gwbod pwy dîm sy'n mynd i droi lan ar y dydd...

TWM: *Cymru a'r gwrthwynebwyr, nage fe?*

Sa i'n credu taw heddi yw'r amser i graco jôcs gwael... Elli di ddim ond whare beth sy o dy fla'n di.

TWM: *Pam y'ch chi'n credu bod Cymru wedi colli heddi?*

Achos bod y tîm arall moyn e mwy ar y dwrnod. O'dd y bêl jyst ddim yn bownso i ni heddi a ti'n ffaelu whare rygbi heb y bêl... Ond ma'r bois wedi dysgu lot o wersi a ma' nhw'n galler cymryd lot mas o'r gêm hyn. (Thirty-thou wedodd rhywun wrtho i...!)

TWM: *Ie, ond ffordd collon ni heddi, 'na beth sy'n hala ofan ar ddyn. Ble y'n ni'n mynd o man hyn?*

Sa i'n gwbod 'bytu ti, ond 'wy i'n mynd lawr i Marseille i weld y ffeinals!

TWM: *Hei, dal sownd! Ti'n ffaelu neud 'na. Ni ar ganol cyfweliad man hyn...*

Ti'n ffaelu cymryd dy lygad off y bêl ar y lefel hyn, Twm-boi, ne' ma' nhw'n dy gosbi di bob tro... Ma'r bois on tour. Arriva-derci!

[EXIT]

TWM [MEWN PANIC LLWYR]: *Wel, wel, wel... ym... Goronwy Jones, ga' i droi atoch chi? Fel cefnogwr cyffredin... cyffredin iawn hefyd, os ca' i weud, ga' i ofyn beth o'dd 'ych barn chi am y gêm hyn heddi?*

GRON: Diolch yn fawr i chdi am y cyfla! Ddim yn amal bydda i'n cael gwadd gin S4/C. Fyswn i'n licio gneud cyfraniad cerddorol os ca' i. Ti'n cofio'r hen gân honno ers talwm, 'Dominique' gan Y Lleian sy'n Canu?

TWM [YN AMHEUS]: *Ie…*

GRON: Mi fydda gin yr hogia eiria arbennig i'r dôn honno, 'sti: 'Do mi niwc i fynd am bishiad, Do mi niwc i fynd am gach, ma' niwc yn handi iawn…'

TWM: *Ma' flin 'da fi, ond…*

GRON: 'Dominyddu' ydi enw'r dôn bellach, ia. 'Cân Shane' gan y gradures brin honno Y Lleian sy'n Sgoru [*dan ganu*]:

> Domi nyddu drwy y blaenwyr,
> Domi nyddu drwy y blitz,
> Mae nyddu'n handi iawn!
> Os ti'n whare am y jwrsi
> A dwylo'r Sais sy am dy bwrs di
> Ma'n rhaid weavo'r ffordd i'r lein!

TWM: *Sa i'n gwbod beth i weud…*

GRON: Tria hi! Ma' hi'n gweithio! Gyda llaw, deud wrth yr adran gyfieithu 'cw bo nhw wedi gneud mistêc, nei di? 'The boys are *so* ready for the World Cup!' oedd y cyfieithiad Susnag, ond ma' hi'n amlwg na '*So* ni'n barod o gwbwl am Gwpan y Byd!' oeddan nhw wedi ddeud go iawn. Ond chwara teg i'r troswyr – ma' hi mor hawdd troi estuary-English yn Gymraeg Aber-din.

EGWYL: MAE NAM AR Y SAIN

Dyma fi'n cerddad i mewn i Waterstones ar yr Hayes un dwrnod er mwyn prynu llyfr Michael Moore i Siân ar ei phenblwydd pan welish i 'Stupid White Man' arall. Dyna lle'r oedd Seamus Lacrimosa wrthi'n seinio copïa o'i lyfr diweddara *Taff at the Top*. O'dd o newydd gael ei neud yn hyfforddwr tîm rhanbarthol y Cambrian Crusaders, un arall o'r enwau-gneud boncyrs roedd yr WRUseless wedi rhoid sêl eu bendith arno fo. Roedd 'na chwaraewr rygbi arall yno i ddal 'i law o ac o'dd o'n llond ei groin fel arfar.

'Newch chi seinio hwn i mi, os gwelwch yn dda?' medda fi, jest er mwyn 'i dynnu fo yn 'y mhen, ia.

'You what?' mo.

'Ti yn siarad Cymraeg, twyt?' me fi.

'Do you mind?' mo. 'We've got company here...'

'Be sy?' me fi. 'Sgin ti gwilydd bod yn Gymro?'

'Look. Anything you say in Welsh, you can say it in English,' mo.

'Cynghanedd groes-o-gyswllt!' me fi a sodro'r llyfr o flaen ei drwyn o.

'*Stupid White Men*?' mo. 'You takin' the piss?'

'Os 'di'r cap yn ffitio, gwisga fo!' me fi.

'Sorry!' medda Lacrimosa wrth ei gyfaill o Dde Affrica. 'He's from North Wales you know.'

'Don't worry,' medda'r Afrikaaner. 'We get the same problem with the blecks.'

'Don't you ever, ever say that again!' medda Lacrimosa wrtho fo a'i llgada fo'n tanio yn ei ben o.

'Wassa matter, Seamus?' medda'r Afrikaaner yn syn. 'You're as white as shit, man!'

'My skin might be white but my heart is black!' medda

Lacrimosa dan deimlad. 'I'm as black as any North Walian, that's for sure, and I don't need to speak Welsh to prove it!'

★ ★ ★

Dim ond unwaith 'rioed nesh i gwarfod Ray Gravell ond dwi'n falch iawn bo fi wedi gneud.

'Shwmai, bois?' medda Ray, clwad acen gogs. 'Lawr am y dydd, ife?'

'Ia,' medda fi. 'Lawr am y dydd ddeng mlynadd ar higian yn ôl a tydw i byth wedi mynd adra!'

'Tip-top!' medda fynta. '"West is best", ife!'

'Ia, ond "East is East",' medda fi. 'Lawr yn Gaerdydd 'cw dwi, yli...'

Hen foi iawn, Ray. Cwlffyn o foi. Esiampl wych i'r hogia. Mi fydda Ray wrthi fel lladd nadro'dd yn trio ca'l chwaraewyr a hyfforddwyr rygbi i adrodd 'chydig o Gymraeg ar *Y Clwb Rygbi* ar S4/C ond dim ots faint fydda fo'n straffaglu mi fydda fo'n cael mwy o lwc efo Gwyddelod na'r rhan fwya o'r hogia dig-Gymraeg. Dim ond ryw 'diolch yn fawr' ne' 'croeso' oedd o'n ofyn amdano fo ond roedd pawb yn rhy swil, ne'n rhy dwp ne'n rhy groes-graen i draffarth. 'Cheers, Ray!' Dyna'r cwbwl fydda fo'n ga'l. The boys weren't up for it today, mae hi'n amlwg. Tasa'r peth ddim mor drychinebus mi fysa fo'n drist. Be nei di pan mae cymint o dy gydwladwyr di mor ddi-Gymro-dedd?

Gafodd Ray gnebrwn mawr yn Stradi Parc. Byd rygbi i gyd yn colli deigryn. Ond am bob Cymro dig-Gymraeg roedd Ray wedi 'i berswadio i yrru 'i blant i ysgol Gymraeg, ro'dd 'na Gymry da oedd wedi magu nhw yn Susnag. Hwnna ydi dagra petha, ia.

LLYTHYR NADOLIG Y TEULU HOWELLS

CARIAD NID CARDIAU

Diolch o galon i bawb a gyfrannodd mor hael i'r gronfa yn hytrach na gwastraffu adnoddau prin y fam ddaear ar arferion Fictoraidd gwag. Yr ydym yn wir yn credu bydd yr ymgyrch 'Cariad nid Cardiau' yn dwyn ffrwyth ar ei chanfed drwy gyd-gysylltu'n glòs â Menter Canolbarth Cambria, y cwmni sy'n gyfrifol am weithredu'r cwbwl.

Mae'r Fenter yn derbyn arian o Ewrop ac mae'n rhyfedd sut mae rhywun yn synio am y cyfandir bellach, y teimlad ein bod yn perthyn i un teulu estynedig gan mor fynych ein hymweliadau â hwy. Ac eto, anodd iawn yw bod yn deithiwr talog mewn byd mor derfysglyd a theimlwn reidrwydd i dorchi llewys mewn modd a fydd yn ysbrydoliaeth i bawb. Aberthodd Ben a Lun eu gwyliau Nadolig eleni eto er mwyn cwblhau oblygiadau eu sgio nawdd. Codwyd dwy fil saith cant o bunnau mor belled (heb gynnwys yr ad-daliad treth). Eu hunig dreuliau oedd costau'r awyren ynghyd â gwesty pum seren mor sylfaenol â phosib mewn ardal mor lewyrchus yn y rhan yma o'r Rockies... Bydd cardiau arbennig gyda lluniau o Ben ar ben y byd ar werth yn y siopau cyn bo hir a bydd yr elw i gyd yn mynd at 'Cardiau nid Cariad'.

Gawn ni apelio y Nadolig hwn yng nghanol ein rhialtwch a'n hawddfyd am i ni beidio ag anghofio'r tlawd a'r gwan ledled y byd a dymuno ein bod ni fel Cymry yn rhoi buddiannau'n gwlad o flaen buddiannau personol.

Dros Gymru

Ben a Lun

CON PASSIONATA

Oedd Ben Bach a finna yn ista tu allan i'r caffi 'ma yn Tallinn yn yfad liqueurs, y math o beth bydd gwleidyddion yn neud pan ma' nhw ar ffreebies-ffeindio-ffeithiau yng ngwledydd bach y Baltig. Dwn i'm amdanoch chi ond mi fydd 'y nghalon i'n suddo i waelod 'y mheint bob tro fydda i'n clwad sôn am Menter a Busnes. Dyna lle'r o'n i'n gwrando ar yr Aelod Cynulliad yn mwydro am be fydda mantais y daith hon i economi Cymru a finna'n gwbod yn iawn fel pob dreifar bys da na tydi Trefentar ddim ond bys-stop i ffwr' o Tre-din...

'Vanna Tallinna!' medda'r waitress gan gyfeirio at bedwar gwydyr mawr arall o'r liqueur cenedlaethol oedd ar y tre.

'Pröst!' medda Ben gan roi tip a winc iddi... 'Vanna fydda inna heno yli,' medda fo wrtha fi...

'Cau dy geg y cont dwl,' medda fi. 'Dwi'm isho gwbod am dy fisdimanars di...'

Dyma Siân a Lun yn cyrraedd efo'u handbags, a dyma Lun yn dechra gneud ffys mawr o Ben fel bydd hi...

'Diolch, cariad! Ti mor feddylgar. Ti wedi ordro drinc i ni, wyt ti?'

Ond wrth gwrs roedd Siân yn ddigon craff i sylwi ar be oedd yn mynd ymlaen rhwng Ben a'r waitress...

'Mae o'n dipyn o charmer, tydi?' medda fi.

'On'd yw e, 'te?' medda Siân. 'Wn i os yw Lun yn gwbod am ei gampe fe? Dim ond y campe ma' hi ishe gwbod amdanyn nhw siŵr o fod, ife. So pobol yn gweld ond beth ma' nhw moyn...'

Wyt ti wedi gweld y rhaglen *Con Passionata* 'na ar

y teli? Ma' Ben yn frenin i bob un wan jac ohonyn nhw! Oeddan nhw'n deud ers talwm bod gin forwr fodan ym mhob porthladd ond twrn yr Ewro–prats rhyngwladol ydi hi heddiw 'ma. Cynrychiolwyr y bobol, ia, a'u haeloda nhw'n mynd o'u blaena nhw i bob man. 'Sori cariad! Ma'n rhaid i fi fynd yn ôl i'n etholaeth yn Gaerdydd / Llundain / Geneva / Copenhagen.' Chwara teg i Ben, ma' hi'n dipyn o straen picio i Stress-burg rownd y rîl, ond ma' nhw'n deud bod Brussels wedi cael ei greu jest er mwyn iddo fo gael sbrywtio ynddo fo.

'Sut mae o'n llwyddo i ddenu'r fodins 'ma i gyd, d'wad?' medda fi wrth Siân.

'Achos bod un fawr 'da fe,' medda Siân yn swta. 'Ei walet e, hynny yw…'

'Ma' 'da fi gyfrinach i weud 'thoch chi,' medda Lun gan glosio ata fi a Siân. 'Nage dim ond fact-finding-mission yw hwn. Ma' Ben a fi yn golygu buddsoddi 'ma, on'd y'n ni, Ben?'

'Y'ch chi wedi sylwi ar brishe'r tai?' medda Ben a'i llgada fo'n gloywi. 'Gelet ti ddou ne' dri tŷ man hyn am brish un tŷ gatre!'

'Cartra *ydi* tŷ, ia ddim?' me fi.

'Cyfle, 'na beth yw tŷ yn Estonia,' medda Ben. 'Cyfle i rywun neud 'i ffortiwn…'

'Wy i'n gweld,' medda Siân. 'Ma' beth yw dy syniad di o dai fforddiadwy, ife?'

'Beth sy'n bod 'not ti?' medda Lun. 'Dim ond ffŵl bydde'n codi 'i drwyn ar gyfle fel hyn. Ni wedi neud y paratoade i gyd. O'n ni jest yn meddwl tybed os bydde diddordeb 'da chithe neud rhwbeth tebyg…'

Peth cynta nath Estonia ar ôl cael annibyniaeth o'rwth Rwsia oedd ethol llywodraeth o'dd i'r dde o Margaret Thatcher,

Ghengis Khan a rheina i gyd efo'i gilydd. Dyna nhw'n mynd ati i newid yr hen system Sosialaidd stêl dros nos a'i neud o'n lle ffit i neud busnas, gan gynnwys gwadd miloedd o Yanks tew nad oedd 'rioed wedi clwad am y wlad i ailfeddiannu tai oedd piau eu cyndadau. Dwn i'm be ddigwyddodd i'r bobol oedd yn byw yn y tai yn barod ond be 'di'r ots, ia, os na pobol o dras Rwsiaidd oeddan nhw? Dial y plant ar y tadau oedd hyn, cyfle gwlad fach i daro'n ôl. Ond wrth gwrs ma' 'pobol' a 'gwlad' yn betha gwahanol iawn, tydyn. Pwy oedd yn elwa allan o hyn i gyd, dyna oedd y cwestiwn. Peth nesa nath llywodraeth Estonia oedd gosod treth fflat-rêt ar bawb. Jo Sôp yn talu'r un faint â millionaire: be alla fod yn decach na hynny? Boomtime yn y Baltic, bois! Wrth i'r Ryshan dwutha bacio'i gês roedd y vultures i gyd yn ryshio i mewn...

'Potential goldmine!', 'Exciting opportunities!', 'Green shoots of a budding miracle!': dyna oedd o'n ddeud yn y brochure. Cyfla di-ail i sginio dy gyd-Ewropeaid newydd cyn i hoel eu handcuffs nhw gael tshans i glirio. Colbio'r ffycars naïf cyn iddyn nhw ddallt be oedd eu gwerth nhw 'u hunain.

'Stori gyfarwydd, ia?' medda fi wrth Ben. 'Ti'n swnio'n union fatha White Settler yng Ngheredigion!'

'Paid â bod yn stiwpid, nei di?' medda Ben. 'Ma' pobol Ewrop yn heidio i Gymru i helpu'n economi *ni*. Dyma'n cyfle ni i gyfrannu at eu heconomi *nhw*...'

'Gad dy ragrith, nei di?' medda Siân. 'Ti'n gwbod yn net beth yw croestyniad cyfalafiaeth. Ma' fe'n creu cyfoeth ac yn creu tlodi yr un pryd!'

'Beth wyt ti'n neud 'da dy arian, 'te?' medda Ben. 'Dodi fe dan y fatres?'

'Sa i moyn dim byd i neud â hyn, ta beth,' medda Siân. 'So'r bybl hyn yn da i ddim byd i neb. Ma' byst yn dilyn bŵm, fel ma' nos yn dilyn dydd.'

'Sdim nos i ga'l yn Estonia ganol haf!' medda Ben gan godi'i wydyr. 'Vanna Tallinna, bois!'

'Ie, wel, 'na fe,' medda Siân. 'Ti'n gwbod beth ma'n nhw'n weud 'bytu pricks an' mortar!'

'Beth yw hyn nawr?' medda Lun. 'Grawnwin surion 'to, ife, achos bo Ben yn AM?'

'So 'nna ddim byd i neud â fe,' medda Siân, ond wrth gwrs mi oedd o. Dau geffyl blaen neith gythral bob amser meddan nhw. Union fatha Stalin a Trotsky, Castro a Che, Collins a De Valera, O'Higgins ac O'Diar... be oedd enw'r boi arall hwnnw yn Chile? Oedd Siân a Ben yng ngyddfa 'i gilydd beth bynnag. Fydda i'n poeni weithia bod nhw'n mynd i ladd ei gilydd. Ond wedyn Plaid ydi hyn, ia. Sut mae cyflawni llofruddiaeth ddi-drais, dyna ydi'r cwestiwn...

'Stuck in a rut, 'na beth yw'r trwbwl 'da chi'ch dou!' medda Lun wrth Siân a fi. 'Wy'n gwbod bo Islwyn wedi bod dan *Gysgod y Cryman* ond o'dd 'da fe ddigon o sens i ddod *Yn Ôl i Leifior*! Ma'r left-wing shit 'na drosto, this is the only show in town!'

Ma' Lun yn ddynas dwp uffernol, medda Siân, twpiach na fi os rwbath. Ma'i phen hi wedi chwyddo'n uffernol byth ers i Ben Bach gael y job ond tydi 'i brêns hi'm 'di chwyddo dim. *Dinas, Dallas, Dynasty...* doedd dim pen draw ar opera sebon y teulu Howells. 'Chydig iawn o Ffrench sgin i ond oedd hi'n swnio i mi fatha tasa'r raison d'être wedi troi'n raison debt heb smic o wahaniath rhyngthyn nhw. Mi oedd Ben a Lun wedi troi'n mylti-stori Rachmans oedd yn benthyg, benthyg, benthyg er mwyn gneud mwy, mwy, mwy. Hwn oedd y 'Con' Passionata 'rioed, medda Siân, a'r cwbwl nath hi oedd ochneidio'n ddyfn a phroffwydo bysa rhywun yn Tallinn ddrud ofnadwy amdano fo...

Y CREDU CRYNSH

O'n i'n coelio lot o betha ers talwm. O'n i'n coelio yn y tylwyth teg ac yn Santa Clôs. O'n i'n coelio bysa Cymru'n curo Seland Newydd eto ryw ddwrnod ac y bysa Ryan Giggs yn cael giggio drostan ni yn stadiwm y World Cup a bob dim. O'n i hyd yn oed yn coelio bod 'y mhres i'n saff yn y banc ond dyma fi'n deffro un bora a chlwad y boi ar y radio yn deud na toedd Northern Rock ddim yn graig yr oesoedd bellach, bod yr Halifax wedi troi'n Halifucks a bod yr holl fyd mawr crwn ar wahân i Tsieina wedi mynd yn byst.

'Beth wedes i 'tho ti?' medda Siân. 'Ma'r bybl wedi byrsto on'd yw e, gwmws fel ma' fe bob tro!'

Chwara teg i Siân, mi o'dd hi wedi proffwydo hyn i gyd ers pan oeddan ni yn yr Iseldiroedd. Pwy yn ei iawn bwyll fysa'n rhoid ei bres mewn banc o'r enw ING? Pwy bynnag nath, mi fysa'n rhegi erbyn hyn ac ma'n beryg na '★★★★ING' Banc fysan nhw'n ei alw fo bellach. Bai Banc y Brodyr Lemon yn 'Merica oedd hyn i gyd yn y pen draw, meddan nhw. Yn ôl be o'n i'n ddallt mi oedd y Lemons dwl wedi bod yn hwrjo morgijis sub-primate i fwncwn oedd heb yr un peanut ar eu helw.

O'dd Godro'n Brown wedi taeru na fysa na ddim ffasiwn beth â bŵm an' byst byth eto ond mi oedd y cont dwl yn y cach erbyn hyn, toedd? A toedd y pleidia cenedlaethol ddim llawar gwell chwaith. Boi da ydi Alex Salmond yr SNP. Mae o'n licio rasio ceffyla fatha finna ac mae o'n dipster papur newydd a bob dim. Ma'r Alban ymhell ar y blaen i Gymru ran amla ond ma' gin i ofn bod Alex wedi bod yn dipyn gormod o smart Alex tro 'ma ac mi faciodd o'r ceffyla rong. Dyna lle'r oedd o yn pregethu ar y testun 'Small is Beautiful' un dwrnod ac yn canmol y gwledydd bach cyfagos i gyd pan gafodd o gythral o sbank gin y Landsbanki. Swnio fatha banc ffug ar fwrdd Monopoli, yndi? A wir Dduw i chdi, dyna be o'dd o… Toedd dim pwynt bancio ar y geysers yn Eisland!

O'dd Gwlad yr Iâ yn arfar bod yn wlad bach lewyrchus iawn. Gwlad y 'Na' gyn bellad ag oedd yr ewro yn y cwestiwn. O'dd Siân a finna wedi meddwl mynd â Sylvia Pugh am drip yno i weld os bysa bath o fwd-poeth-naturiol-o-grombil-y-ddaear yn gneud rhywfaint o les i'w chricmala hi ond nogio neuthon ni pan welson ni'r prisia. Fysach chi medru cael mis o wylia yn Sbaen am bris B & B a phum peint ar yr ynys. Ond cyn i chi ddeud Alan Greenspan mi droiodd Reykjavik yn Wreckjavik dros nos. Toedd y diawlad dwl wedi bod yn betio ar y Lotería Primitiva fatha mam Siân. Mi fuon nhw'n crefu am gael joinio'r ewro wedyn ond yr unig atab gafon nhw oedd ffyc-off y basdads bancrypt!

Toedd pobol Dre 'cw ddim yn coelio'r peth a chafodd neb eu crynshio'n iawn tan iddyn nhw fynd lawr i siopa un bora a ffeindio bod y sefydliad cenedlaethol hwnnw, Woolworth Stryd Llyn, wedi cau. Panic piws yn Peblic wedyn, siŵr Dduw, a phawb yn gweddïo am waredigaeth i siopa Bangor. Ac eto nid MFI!

Tydi Siân ddim yn deud lot dyddia yma – ddim wrtha i eniwe. Fel'na welwch chi bobol sy'n gweithio i'r sefydliad, ma' nhw'n cau yn glep fatha cragan gocos unwaith ma' rhywun yn rhoid job iddyn nhw… Ma'n debyg na tu ôl i'r llenni ma' hi'n gweithio dyddia yma fatha ryw ventriloquist sy'n taflyd ei llais drw' bypet-llaw y Cynulliad… Tro dwutha oedd hi'n chwil mi ofynnish i iddi os oedd hi'n falch bod y bancars wedi chopio hi… Ond pwy sy'n mynd i chopio hi fwya? Dyna oedd ymateb Siân. Roedd yr holl sôn am wyrth y teigar-economi Gwyddelig wedi sychu'n gynt na gwydrad o Guinness mewn wake, ond roedd Plaid yn dal i gredu drw'r cwbwl bod bach yn brydferth – weithia...

EIN DYN YN HAFANA...

Jersey
Guernsey
Sark
Alderney
Ynys Manaw
Gibraltar
Bermuda
Anguilla
Ynysoedd y Cayman
Ynysoedd Tyrks a Caicos
Yr Ynysoedd Gwyryfol Prydeinig

Dwi'm isho bod yn Sark-i, ia, ond hafana treth Prydain ydi'r llefydd yma, lle mae pobol fawr gachu'r wlad 'ma'n cuddiad eu pres er mwyn osgoi talu trethi. Tra rwyt ti a fi yn slogio'n gyts a thalu'n siâr i'r Trysorlys yn ffyddlon bob mis, ma'r sbynjars yma i gyd yn Gib-io allan a byw ar 'yn cefna ni. Dim ond tri deg saith o hafana treth sydd 'na yn y byd, felly ma'r hen UK yn neud yn dda iawn, yn pynsho uwchben ei phwysa fel arfar. Bwysig cadw'r hen draddodiadau'n fyw – some corner of a forging field that is forever England, ia.

Wrth gwrs, ddim jest nhw sy wrthi. Ma'r Jyrmans yn tollti biliyna i fancia yn y Swistir a Liechtenstein a rheina i gyd, ac ma' bodolaeth llefydd fatha Sark yn gyrru pobol fatha Sark-osy yn wallgo. Ma' gobaith mawr y ganrif, Bara Co Bama, yn gneud twrw mawr bob hyn-a-hyn ynglŷn â thaclo'r broblem, ond dwi'n meddwl na Hafana Ciwba mae o isho 'i golbio go iawn achos does dim byd byth yn digwydd yn y diwadd. Gorau statws, statws co: yr unig rei sy'n talu trethi yn y syrcas yma ydan ni, y sycars tlawd.

O'dd 'na foi o'r enw Rabbi Joni Sax yn pregethu ar 'Thought for the Day' ar Radio 4 bora 'ma. Toes 'na'm lot o bwynt rhannu pres yn gyfartal medda fo achos na dim ond mynd yn llai a llai neith o, ond os rhoi di addysg i bobol mi barith hwnnw i chdi ar hyd dy oes…

''Dan ni wedi trio comiwnyddiaeth,' mo, 'a tydi o ddim yn gweithio…'

'Ni wedi trial cyfalafiaeth hefyd!' medda Siân gan neidio'n noethlymun o'r gwely a'i dwrn yn dwrdio yr awyr… 'Ac wrth gwrs ma' hwnnw'n gweitho bob tro…'

Equation Equitable Life:
proffid = preifat
colled = cyhoeddus
cyfalafwr = cont barus hyll sy'n rhy dew i fethu
Jo Sôp = dyn sydd ddim yn gwbod ei nerth ei hun…

Yn sgil holl sŵn dychrynllyd y credyd-crynshian mi gododd Sosialaeth o farw'n fyw. 'Estynnwch yn ddyfn i'ch pocedi, hogia, a rhowch yn hael i fancar tlawd. Ewch i'w byrth Ef a diolch, llenwch ei bocedi Ef ag aur, canys mae dyfodol y ddynoliaeth yn dibynnu arno! Mae'r credu crynsh wedi bod yn wers i ni i gyd. Yr olternatif i gyfalafiaeth yw comiwnyddiaeth i'r cyfoethog.' Roedd yr utgyrn yn canu yn Jeriwsalem ac mi gafodd y Rabbi Joni Sax ei neud yn Syr.

RIGA-MORTIS

What is this fuckin' shit? Ma' Latfia wedi mynd dros ben llestri'n llwyr gyda'i pholisi iaith. Pwsho Latfieg lawr gyddfe'r boblogeth Rwsiaidd? Pwy fath o neges ma' 'nna'n roi i'r dig-Gymraeg? Bin it!

Ie, ond pwy fath o neges bydde 'nna'n roi i'r Cymry Cymraeg?

OK, point taken! Spin it like this. 'Lett it be Latvia for the Lettish' by Paul McCartney. Don't get involved in European comparisons. Just lett it die a quiet death. Nobody knows about it anyway except bureaucrats on expenses.

Beth ymbytu'n cefnogwyr ni yn y cadarnleoedd?

Fuck 'em! Suck 'em in, shut them up... Tell them it's all part of the 'process'. What can they do? Where can they go? Llais Gwynedd has lost its voice already. Deposited in the dustbin of history, just like Cymuned...

Wyt ti moyn cyfieithydd ar y pryd?

Don't even ask! It's an absolute waste of resources. Where's the electoral gain at this time of austerity?

Unrhyw fusnes arall?

Pawb i feindio 'i fusnes ei hun! Don't know about you but I'm fuckin' parched! Lett's go down the Eli-jah for a jar, is it? Don't quote me on this, but I do believe that this eLCO system actually did us a favour...

ARWYDDION YR AMSERAU

Western Mail 35

Monday, 16 May 2005 — BUSINESS —

Tax breaks, the road ahead

In the first of a series of articles this week, **Business Editor Sion Barry** puts forward his manifesto for the long-term prosperity of Wales plc

MOTORWAY MOVE Wales could look at investing in a new North/South motorway – and the signs of the future could look like this...

IF there has been one constant factor in the UK economy since the industrial revolution it has been the dominance of the south-east of England in the wealth stakes.

Despite efforts at playing catch-up, Wales's economic wealth, through the measure of GDP, continues to lag behind that of the south-east, as well as the UK average.

Efforts have mainly focused on a grant inducement support approach, typified over the past 30 years by trying to attract inward investors. Millions of pounds in taxpayers' money have been invested in large companies which have established manufacturing, assembly and call centre operations here – but hardly ever their corporate headquarters.

However, where the Welsh Assembly Government (WAG) could make a huge impact is through a more favourable tax regime.

As it stands the WAG, unlike the Scottish parliament and regions of Europe like Catalonia, has no control over tax-raising powers.

One of Wales's greatest assets is the fact that it is only two hours away (30 mins by helicopter) from one of the world's most dynamic financial centres in London.

Captains of industry could reside in luxury homes in stress-busting beautiful Welsh countryside and be in the City in under an hour by helicopter.

And after time they could decide to shorten travel times even further by moving their businesses here as well.

With a population of just under three million, the Welsh Treasury could then use increased tax receipts – 20 billionaires paying 10% tax annually on earnings would potentially generate greater returns than thousands earning £50,000 at 40% – to invest in a whole range of areas.

For example Wales could be rich enough to become one of the world's most generous providers of no-strings-attached overseas aid in efforts at eradicating Third World poverty.

Investment could also be made to improve the public transportation infrastructure, as well as in hospitals, schools and

Heathrow and Gatwick – right in the heart of the economic powerhouse of the south-east.

The Severnside option may come back into play by "default" if the environmental lobby can prevent construction, particularly at Stansted.

However, if not, then the WAG really needs to back Cardiff International Airport above its

have an incredible range of skills, which could be exploited for the benefit of Wales plc.

When Hong Kong was taken over by the Chinese, the Canadians opened their doors to thousands of Hong Kong residents. They are now making a huge contribution to the Canadian economy, having established new businesses and added to the skills

support scheme should also be scrapped. Most recipients of regional selective assistance are large companies with deep enough financial pockets not to need any public sector backing.

All WAG investments made should be based on a venture capital equity stake model – with profits on exit reinvested into other business or on public

I have no doubt that amongst the state benefit-claiming ranks are some of Wales's most talented entrepreneurs – who operate exclusively in the black economy.

They need to somehow to be given incentives, starting with immunity from prosecution, to make a full tax contribution.

Their former benefit payment

EHANGU D'ORWELLIAN
DIWEDD Y DAITH

Dihunodd Siân Arianrhod Pugh mewn bath o chwys oer rywle yng nghanolbarth Ewrop. Doedd dim dal ble ac roedd arni ofn…

★ ★ ★

Ar ôl hannar can mlynedd o wasanaeth yng Ngwyrfai mi aeth yr hwch drw'r siop yn Bysus Begw druan ac mi werthwyd y busnas i Saeson fel a-not-quite-going-concern. Yn unol â gwerth hanesyddol y siaris fe'u rhoddwyd dan ofal tyner Cadwch.

Derbyniwyd bod yr enw newydd, Beggars Buses, yn gydnaws ag ethos gwreiddiol y cwmni ond mynnwyd eu bod yn cadw ac yn adfer yr hen injans. Efallai bod y cwmni wedi mynd yn byst ond roedd y bŵm yn dal i'w glywed yn y big-end…

Daeth i ben deithio byd ond sylweddolwyd bod bwlch yn y farchnad leol ar y Chester and North Wales Circuit. Yr oedd y Costa Geriatrica bellach yn lledu o Ynysoedd y Moelrhoniaid ym Môn hyd at Ynys Bŷr yn Sir Benfro a mawr oedd y galw am dripiau i gadw'r newydd Ddyfediaid mewn cyswllt â'i gilydd ar hyd Bae Cere-digio. Calling at Barmouth, Mack, New Quay, Newport and umpteen unpronounceable hamlets in between. Visiting the Lost World of Lolva, the Remains of the De and the ruins of the University of Wails at Abba-wrist-with. Optional Welsh-language tours not included.

* * *

Aeth Siân allan am wac i'r dre mewn perlewyg, draw i'r parc lle'r eisteddai cenhedlaeth gyfan o hen wragedd mewn du yn hiraethu am eu plant a'u hwyrion heb bwrpas yn y byd i'w bywydau. Roedd Carole King yn canu 'Doesn't anybody stay in one place anymore?' ond roedd y freuddwyd Ewropeaidd yn dal yn fyw... 'You say Iwgo, we say Slafia!' Roedd y bwystfil â'i lygaid ar Serbia a Croatia a beth am Belarus, beth am yr Wcrain? Roedd Frederick the Great yn annerch y Senedd Ewropeaidd yn iaith y nefoedd am y tro cyntaf erioed ond toedd hi byth yn gyfartal yn ei gwlad ei hun... Roedd Ewrop yn ehangu a Chymraeg yn crebachu ar raddfa rhy enbyd i neb ei hwynebu... Cododd Siân y ffôn ond doedd dim signal. Ffoniodd am dacsi i'r maes awyr agosa...

* * *

Gyrrodd Sam Cei'r Abar Beggars Buses i mewn i Amgueddfa'r Lleiafrifoedd yn Mack ar gyfer y 'Live Exhibition: How the West Was Won'. Chwaraeodd Goronwy Jones 'Pictures at an Exhibition' gan Mussorgsky... Cerddoriaeth estron fel bod pawb yn teimlo'n gartrefol dan glydwch canfasau eu hartistiaid eu hunain... Roeddan nhw'n peintio llunia o Hen Fwthyn Gwyngalchog fy Nain yn y machlud... Roeddan nhw'n peintio Ocean Crest yn Min-y-môr dan y lloer... Roeddan nhw'n peintio lluniau o Carnabwth ond toedd 'na ddim sein o Twm... Dim pobol, dim plant, dim cerbyd, dim gwaith. Dim arwydd o fywyd o unrhyw fath ar gyfyl y lle yn nunlla. Doedd fiw sboilio'r fiw ym mharadwys cardiau post yr Anglo-ffeil...

* * *

Cyrhaeddodd Siân Arianrhod faes awyr Caerdydd â'i gwynt yn ei dwrn wrth ordro tacsi drw'r tywyllwch i'r gorllewin...

Roeddan nhw wrthi'n ffilmio drama yn Cei Newydd oedd ddim byd i neud efo Cere-digio...

Oeddan nhw'n sgwennu sgriptia yn Grangetown oedd ddim byd i neud efo Caerdydd...

Oeddan nhw'n gosod straeon arfordir Arfon ar y *Titanic* yng nghanol yr Iwerydd a dyna lle'r oeddan ni i gyd yn boddi mewn tafodiaith berffaith heb yr un SOS ar ein cyfyl... 'Dowch ar ddec S4/C,' chwadal nhwtha. Ac mi foddwyd 100,000 o wylwyr dros nos. To'dd 'na ddim byd ar wyneb y ddaear alla 'u perswadio nhw i ddeud y stori am yr eliffant ar y llong nes bod ni wedi dod at Ben y Dalar... Roedd gennym ddiwylliant oedd yn ymladd am ei einioes, roedd gennym sianel deledu gyfan i ni'n hunain am y tro cyntaf erioed ond toedd gin neb ddim Obadeia beth i neud efo hi. Toedd darlunio gwrthdaro ddim ar yr Agenda a toedd gan neb Hawl i Holi ynglŷn â dramateiddio creisis. Chododd neb fys bach i atal dim byd, ar wahân wrth gwrs i atal deud...

★ ★ ★

Roedd Beggars Buses yn dynesu at ddiwadd y daith, wedi gollwng y rhan fwya o'r cwsmeriaid ar y Costa a neb ond gweddillion gwerin gwlad y gogledd ar ôl ar y bys. Roedd y gyrrwr yn codi sbîd wrth iddo weld mynyddoedd Eryri yn codi dros y bwlch... Roedd lluoedd Prince Charles yn eu cwrso o'i gadarnle yn y Deheubarth lle llwyddodd i sugno enaid y dosbarth-canol Cymraeg i'w fynwes... Roedd Hawk TMK25 Willie Wales yn barod i ddilyn gyda pincer-movement ei offensive charm o gyfeiriad Aberffraw... Cododd Goronwy Jones y meic i geisio rhybuddio'r teithwyr eu bod mewn peryg ond roedd y daith wedi bod yn un hir ac roedd wedi colli ei lais...

* * *

Gwibiodd tacsi Siân Arianrhod ar hyd hewlydd cul y canolbarth.

Myfyriodd ynglŷn â'r hyn ofynnodd Adolf Hitler i'w sbin-doctor ar sut i reoli pobol yr Almaen. Deud wrthyn nhw 'u bod nhw dan fygythiad medda Goebbels... ac mi 'na nhw rwbath t'isho. Sut nad oedd neb mewn grym wedi deud ffasiwn beth wrth y Cymry? 'When was Wales?' medda Gwyn Alf. Sooner than you think! medda Siân wrth ei hun.

* * *

Ma' rhywbeth rhyfadd yn digwydd i bobol yn ystod teithia bysus, ryw bonhomie gwag, ryw sentimentalrwydd dwl sy'n datblygu wrth i'r trip fynd yn ei flaen. Mi fydd yr awdurdodau'n gneud spot-tshecs bob hyn-a-hyn i holi'r dreifar ydi o mewn ffit-stad o ran cwsg, o ran brêcs, o ran diod, ond sdim ots be ma'r awdurdoda'n ei ofyn mi gefnogith pob enaid ar y bys y dreifar i'r eitha. Fedrwch chi fynd â pobol at ymyl y dibyn, hairpin bends perygla'r greadigaeth, bygwth eu holl fodolaeth nhw – ma' nhw mor wirion o driw, 'na nhw byth bythoedd sbragio... Bygra'r speed-limit, bygra bob sein a phob peryg ar y lôn. Dig deep! Let's have a whip-round for a good honest British driver!

* * *

Roedd grym y Cynulliad Cenedlaethol yn cynyddu bob dydd a grym ei ewyllys dros y Gymraeg yn mynd yn llai ac yn llai...

* * *

Ac o'r diwadd, wrth i'r bys droi'r gornel hyll ar ben y pas… *A-bysus, a-bysus, a-byswm*… Lle methodd 'pob taeog a chachgi' o'r blaen, cwblhawyd yr highland clearance terfynol heb un traffarth yn y byd. Roedd yr ateb yn syml. Y cwbwl oedd rhaid neud oedd rhoi digon o raff iddyn nhw neud eu diwadd eu hunain… Mi a'th Gwlad y Gân i ganu ac mi gollwyd Cymru am byth.

Erbyn i Siân Arianrhod gyrraedd roedd hi'n rhy hwyr. Wedi'r holl Ewro-sôn roedd wedi methu'n llwyr… Roedd hi wedi llwyddo i fod yn y lle rong ar yr amsar iawn eto byth. Roedd 'na deyrnged ar Radio 4 i Hunter S Thompson, *Rolling Stone* ers talwm, dyn oedd wedi bod yn lambastio llywodraeth America ar hyd ei oes. Roedd 'na Senator yn deud bod ffeithia Hunter S i gyd yn rong ond na toedd neb yn agosach at y gwir…

Ac yna mi welodd Siân Arianrhod rwbath yn y lôn ar bwys y bws.

'Diofal yw'r aderyn! Ni hau, ni fed 'run gronyn.' Pigodd basport i fyny o'r gwtar a chanfod bod y llun wedi diflannu ond bod stamp ei stori yn dal arno. Roedd Gron wedi tyngu na fydda 'i bensal byth yn stopio sgwennu – oni bai wrth gwrs bod rhywun yn ei rwbio fo allan… Roedd torf o dwristiaid wedi ymgasglu i weld beth oedd yn bod a phawb yn cymryd yn ganiataol mai damwain oedd hi. Jest un ystadegyn di-nod arall, dwy lein rywle yng nghrombil y *Daily Post* trannoeth. Erbyn i'r lôn gael ei chlirio roedd hi'n dechra tywyllu, roedd hi'n 'Starry, Starry Night' ddistaw braf, ddigon o sioe ar gyfer y camera, ond toedd y meic ddim yn codi'r un smic o'r gwir… Roedd hi'n derfysg ac yn gomoshwn dychrynllyd i fyny fry yn y gwagle. Sgrechiadau yr oesoedd yn oernadu ac uffern o neb yn eu clywed…

SGRECH!
NID YW HON AR FAP

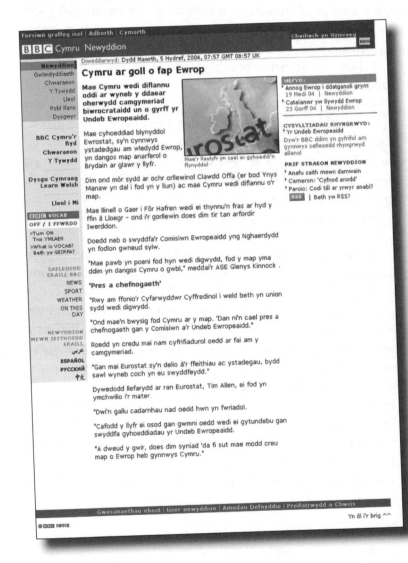

BBC Cymru Newyddion

Diweddarwyd: Dydd Mawrth, 5 Hydref, 2004, 07:57 GMT 08:57 UK

Newyddion
Gwleidyddiaeth
Chwaraeon
Y Tywydd
Lleol
Pobl ifanc
Dysgwyr

BBC Cymru'r
Byd
Chwaraeon
Y Tywydd

Dysgu Cymraeg
Learn Welsh

Lleol i Mi

BBC VOCAB
OFF / I FFWRDD
>Turn ON
Troi YMLAEN
>What is VOCAB?
Beth yw GEIRFA?

SAFLEOEDD
ERAILL BBC
NEWS
SPORT
WEATHER
ON THIS
DAY

NEWYDDION
MEWN IEITHOEDD
ERAILL
عربى
ESPAÑOL
РУССКИЙ
中文

Cymru ar goll o fap Ewrop

Mae Cymru wedi diflannu oddi ar wyneb y ddaear oherwydd camgymeriad biwrocrataidd un o gyrff yr Undeb Ewropeaidd.

Mae cyhoeddiad blynyddol Eurostat, sy'n cynnwys ystadedgau am wledydd Ewrop, yn dangos map anarferol o Brydain ar glawr y llyfr.

Mae'r llawlyfr yn cael ei gyhoeddi'n flynyddol

Dim ond môr sydd ar ochr orllewinol Clawdd Offa (er bod Ynys Manaw yn dal i fod yn y llun) ac mae Cymru wedi diflannu o'r map.

Mae llinell o Gaer i Fôr Hafren wedi ei thynnu'n fras ar hyd y ffin â Lloegr - ond i'r gorllewin does dim tir tan arfordir Iwerddon.

Doedd neb o swyddfa'r Comisiwn Ewropeaidd yng Nghaerdydd yn fodlon gwneud sylw.

"Mae pawb yn poeni fod hyn wedi digwydd, fod y map yma ddim yn dangos Cymru o gwbl," meddai'r ASE Glenys Kinnock .

'Pres a chefnogaeth'

"Rwy am ffonio'r Cyfarwyddwr Cyffredinol i weld beth yn union sydd wedi digwydd.

"Ond mae'n bwysig fod Cymru ar y map. 'Dan ni'n cael pres a chefnogaeth gan y Comisiwn a'r Undeb Ewropeaidd."

Roedd yn credu mai nam cyfrifiadurol oedd ar fai am y camgymeriad.

"Gan mai Eurostat sy'n delio â'r ffeithiau ac ystadegau, bydd sawl wyneb coch ar eu swyddfeydd."

Dywedodd llefarydd ar ran Eurostat, Tim Allen, ei fod yn ymchwilio i'r mater.

"Dwi'n gallu cadarnhau nad oedd hwn yn fwriadol.

"Cafodd y llyfr ei osod gan gwmni oedd wedi ei gytundebu gan swyddfa gyhoeddiadau'r Undeb Ewropeaidd.

"A dweud y gwir, does dim syniad 'da fi sut mae modd creu map o Ewrop heb gynnwys Cymru."

HEFYD:
▶ Annog Ewrop i ddatganoli grym
19 Medi 04 | Newyddion
▶ Catalanwr yw llywydd Ewrop
23 Gorff 04 | Newyddion

CYSYLLTIADAU RHYNGRWYD:
▶ Yr Undeb Ewropeaidd
Dyw'r BBC ddim yn gyfrifol am gynnwys safleoedd rhyngrwyd allanol

PRIF STRAEON NEWYDDION
▶ Anafu saith mewn damwain
▶ Cameron: 'Cyfnod anodd'
▶ Parcio: Codi tâl ar yrwyr anabl?
RSS | Beth yw RSS?

TRWY WYDYR YN ANEGLUR

Un tro amser maith yn ôl o'n i'n ista yng nghadair yr optegydd yn Dre 'cw. Dim ond hogyn ifanc o'n i ond mi oedd 'na ryw drawst yn 'yn llygad i ac mi oedd yr Hen Fod 'cw'n ama bod isho i mi ga'l sbectol. Dyna lle'r oedd y Co-llgada yn stagio'n ddyfn i gannwyll fy nghorff efo'r obethma-sgôp ac yn trafod cwrs y byd efo fi yr un pryd...

Oeddan ni i gyd yn gyfarwydd â'r Doctor Lazlo ers pan oeddan ni'n blant. O'dd o'n edrach yn wahanol i bawb arall ac oedd ei Susnag o'n swnio'n fwy diarth na hyd yn oed 'yn Susnag ni. O'dd o'n dipyn o gyff gwawd deud gwir, y cradur, er na nath o 'rioed ddim byd i neb.

Pan oeddan ni yn yr ysgol ers talwm, mi fydda'r hogia'n hel tu nôl i'r cwt beics am smôc bob amsar cinio. To'n i ddim isho smôc ond mi o'n i isho'r hwyl achos dyna lle bydda'r hogia hŷn i gyd yn rwdlian a mwydro a gneud hwyl am ben yr athrawon. Ses a'r Aur a Rol a Gaga a rheina. Hogia efo dim byd yn eu penna meddan nhw, hogia nag oeddan nhw 'rioed wedi clywad y geiria 'huodledd' a 'ffraethineb' heb sôn am wbod be oeddan nhw'n feddwl. Ond chlywish i 'rioed neb gwell am ddeud stori yn 'y myw, a hynny mewn Cymraeg naturiol, braf... Toedd 'na'm ffasiwn beth â gwersi drama yn yr ysgol ond roedd amseru'r hogia'n ddifai. Oeddan nhw'n hitio'r pynsh-lein yn berffaith bob tro a finna'n rowlio, powlio, piso chwerthin yn fanna, yn edmygu a rhyfeddu ac yn eiddigeddu hefyd, deud y gwir yn onast, na fedrwn i neud yr un peth 'yn hun...

O'dd Dr Lazlo'n hen foi iawn a dwi'm yn meddwl bysa

fo'n meindio bod ni'n neud hwyl am ei ben o. Ma' hi'n syndod cyn lleiad 'dan ni'n wbod am 'yn gilydd, tydi? To'n i'm yn gwbod dim o'i hanas o tan i fi ista yn ei gadair-stagio-llgada fo heddiw 'ma. Toedd dim syndod fod o'n edrach yn ddiarth: o Budapest oedd o'n dŵad yn wreiddiol, ac mi oedd lle felly'n swnio fatha pen draw byd i'r hogia. 'Wyt ti'n gwbod rwbath am Hwngari?' medda fo wrtha fi. Dyma fi'n deud wrtho fo 'mod i wedi gweld 'Magyar Posta' ar y stamps roedd yr hogia'n eu hel a bod 'na jôc yn mynd o gwmpas ers talwm na 'Magyar Posta' oedd yr hen wraig 'nno oedd yn cadw'r post ar *Pobol y Cwm*. Ond dyma Dr Lazlo yn ysgwyd ei fys a 'nghywiro fi a deud na '*Mojar* Posta' oeddach chi i fod i ddeud. Ystyr y gair 'mojar' ydi 'mêt' ne' 'cydwladwr' medda fo. Rwbath debyg i 'cont' yn Dre 'cw, medda fi wrth 'yn hun, ond ddeudish i mo hynny wrtho fo chwaith. Mi fuodd Dr Lazlo yn ddigon anffodus i gael ei ddal yng nghanol y trwbwl oedd Adolf Hitler yn ei greu ym mhob gwlad yn Ewrop. Mi oedd llywodraeth Hwngari yn rêl cachwrs ac yn gweiddi 'Heil!' i bob peth roedd y nytcês yn ei ddeud. Mi o'dd rhei o bobol Bwda wedi dechra codi arfa i drio ca'l gwarad o'r Pest ond toedd Dr Lazlo ddim yn unrhyw fath o arwr medda fo. Cwbwl nath o oedd gofyn cwestiwn ar y stryd ryw fora: tybed lle roedd yr Iddewon i gyd wedi mynd? Mi ddoth 'na ffrind i'w dad o i'w tŷ nhw cyn te ddeg i'w rybuddio fo bysa well iddo fo 'i gleuo hi o'na gyntad byth â galla fo achos bysa'r gestapo yn landio i'w arestio fo cyn nos... Cyn i chi ddeud Jack Robinson dyma Dr Lazlo'n neidio ar gefn lori ludw ei fêt a'i 'nelu hi dros y ffin tuag at yr UK chwadal ynta, a fama buodd o byth ers hynny.

'Vhat ish ddish letr?' medda Dr Lazlo gan bwyntio at y siart ar y wal. O'n i'n medru gweld y llythrenna mawr, ia, ond mi oedd y gweddill fatha Dybl Mojar.

'Oes 'na beryg 'mod i isho sbectol, d'wch?' me fi.

'Sori bod yr wyddor yn Saesneg,' mo. 'Mi fyswn i wedi dysgu Cymraeg ond to'n i'm yn meddwl byswn i yma yn ddigon hir…'

Mi fuo Dr Lazlo yn byw yn alltud drw' gydol y rhyfal. Mi oedd gynno fo hiraeth mawr medda fo ac oedd o'n sbio 'mlaen yn ofnadwy at ga'l mynd adra. Ond erbyn i'r hogia lwyddo i leinio Hitler mi oedd y Ryshans wedi cyrraedd Bwdapest a toedd neb yn cael mynd i mewn nac allan o'r wlad. O'dd Dr Lazlo yn styc yn fan hyn am a wela fo, cradur, yn alltud pur yn Dre 'ma. O'dd Gene Pitney wrthi'n canu '24 Hours from Tulsa' ar y radio, ac o'n i'n teimlo i'r byw dros yr hen foi wrth wrando ar y geiria '… when I can never, ever… go home again…'

Uchelgais yr hen Ddoctor Lazlo oedd cael dychwelyd i'w wlad ei hun cyn diwadd ei oes ond yn anffodus chafodd o ddim byw yn ddigon hir. Erbyn i'r Llen Haearn ddŵad i lawr mi oedd o wedi mynd tu hwnt i'r llen… Dyma fi'n gneud apwyntment arall i weld o, ond cyn i mi fynd dyma fo'n gofyn: 'Be 'di d'uchelgais di 'ta, washi?'

'Does gin i ddim uchelgais,' me fi.

'Digon teg,' medda Dr Lazlo. 'Wyt ti'n siŵr?'

'Tydw i ddim yn siŵr o ddim byd, deud gwir 'thoch chi,' me finna.

'Call iawn,' medda Dr Lazlo. 'Ma' gobaith i bob sgeptic. Mi faswn i allan o waith tasa pawb yn gweld yn glir.'

NEFAR IN EWROP!

Y GYMUNED EWROPEAIDD
FFURFLEN YMAELODI

Nifer Presennol yr Aelodau = 2$\frac{7}{5}$ gwlad

Darpar Ymgeisydd: RHIF 98 *c.*2111 GWALIAS

GWALIAS
'A pretty small country bordering on the Ridiculous'
Dr Goronwy Jones

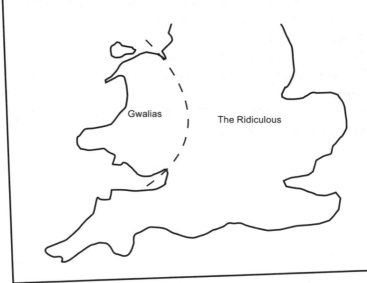

COSTIED A GHOSTIO

O'n i'n ista ar y wal yn Doc Fictoria efo Sam Cei'r Abar
un bora yn stagio arnyn nhw'n peintio'r fflatia crand 'na na
fedar neb eu fforddio ar wahân i bobol sy ddim angan tŷ, pan
welish i gang o ddynion busnas yn dŵad draw o gyfeiriad
y Galeri yn eu siwtia Sul. Oedd breichia un ohonyn nhw'n
chwifio fatha melin wynt, yn gyffro i gyd wrth iddo fo sbio
ar ei blania a phwyntio at y castall…

'Ben Bach, y cont!' medda fi wrth iddyn nhw ddŵad yn
nes. 'Be wyt ti'n da yn fan hyn?'

Canolbarth Cambria oedd plwy Ben Bach ac anamal iawn
bydda fo'n mentro i'r gogledd. Fyddwn i'n gneud 'y ngora
i'w gadw fo a Sam Cei ar wahân achos bo fi'n gwbod yn

iawn na toedd 'na fawr o Gymraeg rhyngthyn nhw. O'dd o fatha tasa Esgimo yn cwarfod Aborigini. Dwi'n gwbod bod igloo a didjeridoo yn odli ond ma' gin i ofn na cynghanedd groes ddi-gyswllt fuo hanas rhein 'rioed. Ma'r rhan fwya o bobol yn gwbod y sgôr pan ma' nhw'n dŵad i Dre. Cadwa di dy ben i lawr am y pum mlynadd cynta ac ella cei di dy dderbyn wedyn. Ond wrth gwrs roedd rhaid i Ben Bach gael agor ei dwrist trap, toedd, ac mi ddechreuodd petha fynd yn flêr reit o'r cychwyn.

O'dd o bownd o ddigwydd rywbryd ma' siŵr. Y syndod ydi bod hi wedi cymyd cymint o amsar. Toes 'na'm lot o siâp ar economi'r Dre 'ma ers oes pys. Tydan ni'm yn creu diawl o ddim yma ers i Peblic Mills a Ferodo gau, a'r cwbwl ma' nhw'n gynnig i chdi ydi syniada stiwpid fatha troi'r castall yn garchar a ballu. Fysa hi reit neis gweld yr hogia'n cael caethiwo Saeson am tshenj ma' siŵr, ond wedyn pa Saeson fysa rheini? Dim ond pobol dlawd a diobaith rhan fwya ohonyn nhw reit siŵr. Ma' dyfodol y Dre yn hongian fatha alci chwil Sven Løvgren ar ben Tŵr Eryr ond dyna lle roedd Ben Bach am ddŵad i'r adwy.

Saeson oedd y siwtia erill i gyd wrth gwrs ac mi oedd hynny'n siwtio Ben Bach i'r dim. Dyna lle'r oedd o'n ponsio yn ei jargon busnas la-di-da ac yn egluro cynllunia 'i gwmni i ni: yr 'exciting business prospects' oedd gynno fo 'going forward': 'Carnarvon Castle is one of the best-looking medieval castles in the world, we've simply got to take advantage of it!'

'Nice looking ruin, innit, boys?' medda Sam wrth y siwtia. 'You want to ruin C'narfon now too, I suppose!'

'So ti'n dyall!' medda Ben.

'Be t'isho neud – neud Cannes-arfon yn rhyw Nice of the North, ia, cont?'

'Datblygu'r fro er lles y bobol leol, 'na beth ma'r awdurdod moyn!' medda Ben.

'Very Nice indeed,' medda Sam. 'Dwi wedi clwad honna o'r blaen! Mi fildion nhw'r Victoria Hotel yn Llanberis jest achos bod Queen Victoria am dwrio o gwmpas Eryri. A ti'n gwbod be ddigwyddodd? Nath yr hen ast ddim troi fyny yn y diwadd!'

'Ie, ie, ie, wrth gwrs,' medda Ben. 'Ond dal sownd funud bach nawr! Sdim danjer na fydd y twristied hyn yn troi lan. Bydd y cynllun hyn yn dodi'r dre 'ma ar y map. So thirteenth-century castles fel hyn yn tyfu o go'd! Wy i'n golygu dodi cestyll Edward I i gyd ar route yr International Ocean Liners achan!'

Dyma Sam a finna'n syllu ar 'yn gilydd. Toeddan ni ddim wedi disgwl dim byd fel hyn ma' rhaid i mi ddeud. Ond o'dd o bownd o ddigwydd yn diwadd ma' siŵr. Ma'r Saeson yn benderfynol o ddinistrio'r gaer ola sgynnon ni. Y syndod ydi bod ni wedi para cyhyd…

'Sut bydd yr hogia'n elwa o hynny?' medda Sam wrth Ben.

'Wyt ti wedi gweld prishe'r cruises hyn?' medda Ben. 'Ma' rhai o bobol cyfoethoca'r byd yn teithio arnon nhw. Bydd mwy o ddiddordeb nag erio'd yn yr ardal hyn nawr bo Flight Lieutenant Wales yn based yn y Fali!'

'Fydd 'na ddim arwisgo yn Dre 'ma eto os fedra i neud rwbath yn ei gylch o,' medda Sam.

'Beth sy'n bod 'noch chi, bois?!' medda Ben. 'Ma' rhaid i chi ddysgu marchnata'ch hunen!'

'Be? Dysgu galw Saeson yn "syr" am bum mil y flwyddyn?' medda Sam.

'Ti'n gorweud nawr!' medda Ben.

'Fysat ti'm yn codi o dy wely i neud o dy hun, na fysat? Ti'n cael deg gwaith cymaint â hynny am ista ar dy din yn y Senedd 'na heb sôn am immoral earnings ti'n neud efo ryw lol wirion fel hyn!' medda Sam.

'Dere 'mla'n nawr!' medda Ben. 'Wedi dod 'ma i helpu odw i!'

'Helpu dy hun, dyna'r cwbwl ma' dy deip di isho neud! Llundan, Caerdydd… be 'di'r gwahaniath? Cwbwl wyt t'isho neud ydi rhoid dy drwyn yn y cafn a bildio dynasty Cymraeg i chdi dy hun a dy blant!' medda Sam.

'Bildo economi deche, 'na beth odw i'n trial neud!' medda Ben. 'Sa i'n gwbod be s'da ti yn erbyn gwasanaethu. Sdim ishe i ti deimlo'n israddol!'

Distawrwydd llethol…

Fysat ti wedi medru clwad pin yn disgyn. Dwi wedi clwad am awyrgylch trydanol o'r blaen ond welish i 'rioed ddim byd tebyg i hyn. O'dd o fatha tasa distawrwydd 25,000 volts wedi cael ei gadw dan glo ers 1282 ne' rwbath ac oedd o jest ar fin cael ei ryddhau…

'Israddol?' medda Sam. 'Be ffwc ti'n fwydro'r basdad dwl?'

'Ti'n gwbod beth wy i'n feddwl…' medda Ben.

'Is-Gwyrfai ydi fama, cont! Does neb yn teimlo'n israddol fan hyn!' medda Sam. 'Teimlo'n uwchraddol ma'r hogia os wyt ti isho gwbod!'

'Ti wedi camddyall…' medda Ben.

'Paid ti â dŵad i fan hyn i drio hwrjo dy jobs cachu rwtsh i'r hogia, reit?' medda Sam. 'Ne' mi gei di weld sawl dwrnod sy 'na tan Sul!'

'Hei, tyd rŵan, Sam!' medda fi.

'Be sy, Gron?' medda Sam. 'Gwir yn brifo yndi? Os ydi'r cap yn ffitio elli ditha wisgo fo hefyd yli!'

'Sa i'n mynd i sefyll i rondo ar hyn,' medda Ben, gan droi ar ei sawdl…

'Tydw i ddim wedi gorffan efo chdi eto,' medda Sam gan sefyll yn ei fforrdd o. 'Ti'n meddwl bo pum mil y flwyddyn yn ddigon da, wyt? Deud wrtha i – faint o dai sgin ti erbyn hyn?'

'Meinda dy fusnes!' medda Ben.

'Mwy nag wyt ti'n fodlon gyfadda ma' siŵr, ia? Ma' gin ti gartre yn d'etholaeth i ddechra. Un arall yn y Bae. Ffarm teulu dy wraig. Tŷ ha' yn Tuscany ne' rwla. Paid â poeni, washi, ma' hanas dy gampa di i gyd wedi cyrradd o dy flaen di. Paid â sôn wrtha fi am helpu pobol Cymru – cwbwl wyt ti a dy deip isho neud ydi 'u hecsploitio nhw! Ddeuda i wrtha chdi pwy sy'n israddol, washi – ella bod yr hogia'n dlawd, ia, ond o leia ma' gynnon ni hunan-barch!'

'Ffyc off, y pwrs!' medda Ben, oedd byth wedi dysgu 'i wers.

'Steady on, old chap!' medda un o'r siwtia.

'You can shut up as well,' medda Sam. 'You double-barrelled bastard!'

Dyma Sam yn galw'r hogia a dyma nhw'n codi Ben Bach ar 'u hysgwydda a'i gario fo i fyny'r stryd at gefn y caffi Chinese agosa a fynta'n gweiddi mwrdwr bob cam o'r ffor'.

'Hei, callia rŵan, Sam!' medda fi. 'Be uffar ti'n feddwl ti'n neud?' Ond, wrth gwrs, fel dwi'n gwbod o brofiad, toes gin Sam ddim clustia o gwbwl unwaith mae o wedi cael y gwyllt.

'Wyt t'isho blas ar dwristiaeth, oes?' medda Sam, gan sodro Ben Bach mewn llond bun o fwyd wast oedd tu allan i'r siop Chinese a dal ei ben o dan y don am hannar munud cyn ei halio fo allan wedyn gerfydd ei gyrls a'r bean-sprouts yn llifo lawr ei wyneb o.

'Be sy, boi? Ti wedi colli dy dafod?' medda Sam. 'Cibau'r moch ma' nhw'n ei alw fo yn y Beibil. Dyna oedd y mab afradlon yn gorod ei fyta pan a'th o i grwydro. Paid â meiddio deud bo chdi'n 'y nghynrychioli fi eto, achos fyddi di byth, reit?! "Dros Gymru" myn uffar i. Ffwcia o 'ma nei di'r cont!'

BUREAU DE CHANGE
QUID PRO CO

'Y TYWYSOGAETHAU MEWN HEDD WRTH EI DRAED'

'NI TUYA
NI MIA
DE TODOS'

'BOLYCS I'R BOSUS
A THWLL DIN Y CWÎN'

STRYGL C'EST LA VIE

Le Faou, Llydaw, Gorffennaf 1976

Dyna lle'r oeddan ni'n dau, Selwyn Frogit a finna, yn sefyll
ar ochor y lôn yn ganol nunlla dan haul crasboeth canol dydd
yn trio bodio lifft i Kemper. Oedd yr hogia wedi cychwyn o
Plymouth ar gwch Brittany Ferries efo digon o bres i bara am
wsnos a digon o wynab i aros am fis. Dyma ni'n prynu dau
blatiad o boeuf bourguignon a dwy botal o vin rwtsh yn y bar
a gneud ffrindia efo gang o Saeson ifanc. Be oedd yr hogia fod
i neud am chwe awr ar y môr ond lyshio dros Gymru, chwara
brag i basio'r amsar a sginio'r hen elyn yr un pryd...

Wastad yn mynd i Lydaw, byth yn mynd i Ffrainc – be yn
y byd oedd yn rong ar hynny? Roedd Sesiyna'r Saithdegau
yn un Fest-noz fawr; roedd Edward H newydd recordio
'Pontypridd' yn ysbryd Stivell ac roedd hynny wedi rocio'r
hogia go iawn. Roedd y byd yn ifanc a toedd neb yn becso
dam.

Dyma'r hogia yn landio ar y cei yn Roscoff efo'r gwynt yn
eu gwallt a'u rhychsacha ar eu cefn... Toedd dim angan sat-
naf ar neb 'radag hynny; roedd y darna yn syrthio i'w lle yn
bob man... Dyma ni'n cerddad i mewn i'r bar cynta welson
ni, a voilà Fou-fou, y cyfaill gafodd ffasiwn groeso gynnon
ni yn yr Ely. Ga'th yr hogia wely am ddim yn y bar y noson
honno, sodro'n sacha mewn sportscar bora trannoeth a cha'l
lifft gin ddwy fodan gyfoethog roedd Fou-fou wedi sibrwd
rhyw Gallic charm yn eu clustia nhw...

Toedd yr *Hitchhiker's Guide to the Gallois-xy* ddim wedi ca'l ei sgwennu eto ac roedd rhei o'r brodorion yn sbio'n amheus arnon ni. Roedd 'yn gwalltia ni'n hirfaith a'n locsus ni'n wyllt, 'yn sgidia ni fel platfforms steshon am 'yn traed ni a'n jîns ni fel llodra llongwyr chwil oedd ddim ar fwriad gneud fawr o heic… Toedd yr un ohonon ni'n gwenu'n daeog ar y gyrwyr ond mawr oedd ein chwerthin a chry' oedd ein ffydd…

Roedd yr hogia wastad yn manijo bymio liffts anhygoel i bob man. Roeddan ni'n canu caneuon gwerin am 'yn swpar yn nhafarn Tŷ Elise; Frogit yn canu a finna'n dilyn mewn descant discordant a'r chouchen yn llifo i'n gwydra ni trw'r nos… Oeddan ni'n gêt-crashio cynadledda a gwylia gwerin. Oeddan ni'n byta'u bwyd nhw ac yn menthyg eu dillad nhw… Os nad oedd 'y nwsin o eiria Breizoneg ciami fi'n ca'l Wil i wely ro'n i'n gadal i Frogit, y ladies' man, neud y gweddill… Roedd o'n ffendio fodins oedd yn fodlon gneud ffafr efo ni a'n cario ni o Lorient i Kemper i Douarnenez, bob man. Roedd pob dim yn gweithio fel watsh bob amsar achos bod ni'n gwbod yn iawn y bysa fo…

Oedd yr hogia wedi bod yn bodio tu hwnt i'r bont yn Le Faou ers dwyawr a dyna lle'r oeddan ni yn ista rhwng dau gae a dau feddwl yn fanna. Oedd hi'n amlwg i ddyn dall na toeddan ni ddim i fod i fynd i Brest diwrnod hwnnw, felly dyma Sel a fi yn sbio ar 'yn gilydd am eiliad, cyn croesi'r ffordd a dechra bodio ffor' arall…

Ac yn awr darllenwch gyfrol gyntaf y drioleg…
y gwir am sut y cawsom ni Senedd i Gymru…

Y DYN DŴAD
Walia Wigli
nofel gan Goronwy Jones

yLolfa

£7.95

Walia Wigli

DDEGAWD ar ôl priodi Siân Arianrhod, mae Goronwy Jones yn parhau ar goll yn y brifddinas – yn poetshio efo geiria ac yn dal i golli'r hogia. Yr unig gysur yng nghanol y gwaith tŷ yw ambell beint pnawn o Brains Dark a'i unig ffrindiau yw Johnny Walker a Glen Fiddich.

Ond gyda genedigaeth Gwenllian Gwawr Arianrhod a dyfodiad y Cynulliad daw cyfrifoldebau newydd, Cymru newydd a rhwystredigaethau newydd… Ac erbyn hyn ma' Gron wedi penderfynu 'deud y plaendra' – am y 'con' yn y concwest, yr 'Ass' yn yr Assembli, wrth amlygu'r 'Dyn' yn y Dyn Dŵad…

"Be di Wales, ia? Syniad yn benna pobol fowr gachu. Jest un syniad arall i dy sginio di."
– George Cooks

"Y geirie hud yw 'consensws', 'clymblaid' a 'cynhwysol'. Ca'l miwn gynta, gweithredu wedyn."
– Ben J Howells M.A. (Cantab)

"Datgan be ma Datganoli?… Ella bod yr Amusements wedi symud i Gaerdydd, ond y nhw sy bia'r slot machines o hyd, ia?"
– Goronwy Jones

Ac wedyn yn yr ail gyfrol darllenwch am y gwir reswm pam mae ein comedi genedlaethol swyddogol yn beth mor dila a disylwedd...

Comic gan

Y Dyn Dŵad

Alias, Myth a Jones

'Eicon!'
Elinor Jones, *Wedi Tri*

y Lolfa

£6.95

Alias, Myth a Jones

SIONI-POB-SWYDD fu'r Dyn Dŵad ar hyd ei oes ond braidd yn hwyr yn y dydd, ac yntau yn ei ddeugeiniau, penderfynodd Goronwy Jones newid cyfeiriad ei yrfa a cheisio gwneud bywoliaeth fel comic.

Dyn yr ymylon fu Goronwy erioed a thestun syndod i bawb oedd y ffaith ei fod wedi dewis sefyll ar ei draed a pherfformio mor ddigywilydd â phot llaeth ar lwyfannau'r genedl mor gyson.

Pinacl ei yrfa gomic hyd yma oedd cael perfformio yn y Babell Lên yn Eisteddfod Genedlaethol Caerdydd, gyda'r cwbwl yn cael ei ddarlledu'n fyw ar S4/C bob dydd. Ymunwch â'r Dyn Dŵad ar ddechrau ei berfformiad, yn chwysu chwartiau wrth feddwl am y dasg sydd o'i flaen…

'Hiwmor i ysgafnhau baich yr absŵrd' – Llinos Dafis, *Taliesin*

'Nwyf dychanol a doniol' – Hafina Clwyd, *Western Mail*

'Eicon!' – Elinor Jones, *Wedi Tri*

'Disglair gomic' – Dafydd Glyn Jones, *Ein Gwlad*

'Methiant arwrol arall' – *Y Byd*

'A oes diben i'r chwarae hyn heblaw am gracio jôc?'
– Simon Brooks, *Barn*

Am restr gyflawn o lyfrau'r Lolfa, mynnwch
gopi o'n catalog newydd, rhad
neu hwyliwch i mewn i'n gwefan

www.ylolfa.com

Ile gallwch archebu llyfrau ar lein.

TALYBONT CEREDIGION CYMRU SY24 5HE
ebost ylolfa@ylolfa.com
gwefan www.ylolfa.com
ffôn 01970 832 304
ffacs 832 782